JN071200

小学校

新教科書 ここが変わった！算数

算数

石井英真 編著

「主体的・対話的で深い学び」をめざす

新教科書の使い方

日本標準

はじめに

　しばしば教材研究が重要だといわれますが,「教科書を教えること」と「教科書で教えること」との違いや,教科書についてその限界もふまえた使いこなし方などについて学ぶ機会は,大学の教職課程においても現職研修においてもあまりないのではないでしょうか。さらに,資質・能力ベースをうたう2017年版学習指導要領によって教科書も大きく変わり,「主体的・対話的で深い学び」の実現のためにそれをどう用いていくのかも課題です。

　そこで,本書は,とくに若い先生方へ向けて,算数科における新教科書の特徴や意図を押さえながら,教科書を使いこなし,子どもたちの学習の質を高めるために,教材や授業をどう一工夫していけばよいのかを提案します。それは,新学習指導要領と新教科書の間を埋める,教師のための参考書ということができるでしょう。

　新教科書では,何を学ぶかと同時にどう学ぶかという学習プロセスも重視されています。異なる意見を話し合わせたり,多様な考え方を学び合ったりする場面が掲載され,子どもたちが考えるヒントとなるような記述も多く盛り込まれています。また,学んだことを生活へ生かす活用場面などもこれまで以上に設定されています。ただ,こうした記述が多数掲載されたとしても,「教科書どおりの活動をすればよい」となぞるだけでは,教科書のねらいとは逆に,ワクワク感も中身もない形式的な学びになってしまうでしょう。

　たとえば,新教科書に「～について話し合いましょう」とあったとしても,ただ漫然と話し合わせるだけでは深い学びにつながりません。本書は,教師がどのような手立てを打てば子どもたちは質の高い話し合いができ,深い学びへと向かうことができるのか,そのヒントを示しています。

　本書は,まず解説編「新学習指導要領でめざす算数科の『主体的・対話的で深い学び』」で,新学習指導要領のポイントをまとめるとともに,算数科について何が改訂のポイントで,それが新教科書でどう具体的に反映されているのかをまとめています。各教科書会社の全体的な特徴もまとめました。さらに,「教科書で教える」という発想で,どう教科書を読み深め,授業を

組み立てていけばよいのかという，教材研究の進め方について解説しました。

　実践編では，1年から6年までの各学年でキモになる単元や教えること
に困難を感じがちな単元を選び，その単元について，2020年版教科書の特
徴的な箇所を取り上げ，教材研究において注目すべきポイント，なぜその数
値が選ばれているのかなど，読み飛ばしてはいけないところも含め，授業で
の使い方を解説するとともに，教科書も一工夫でこんなふうな授業を展開で
きるという実践の見通しや可能性を示すことを試みました。

　また，各学年の特性をふまえた指導のポイントが見えやすいよう工夫して
います。学習がスパイラル的にどう高まっていくのか（学習の系統），それ
に伴って教師の手立ての質がどう変わっていくのか（指導の系統）。このあ
たりも意識しながら読んでもらえるとよいのではないかと思います。とくに，
新領域「データの活用」については，それが導入された意味や，それをどの
ようにスパイラル的に指導していけばよいのかといった点も示しました。

　デジタル教科書への移行も議論されていますが，教材研究の基本は変わり
ません。むしろ，アプリや機能の活用，ハイパーリンクの充実といった面で
の使い方ばかりに目が行って，子どもたちの活動や思考をちゃんと算数に向
かわせる教材研究の本丸がおろそかにならないようにしたいものです。

　アクティブ・ラーニングなど，学び方や手法に目が行きがちななかで，本
書が，教科書をおろそかにせず，教材研究の意味を再確認するきっかけとな
り，教材研究の具体的な手引きとなれば幸いです。

　最後になりましたが，算数の授業づくりで力量のある，また，提案性と挑
戦のある授業を日々実践されてきた藤井浩史先生，大林将呉先生，指熊衛先
生に，実践編を執筆いただきました。日本標準ならびに担当の大澤彰氏，郷
田栄樹氏には，本書の企画から刊行にいたるまで，多大なご支援をいただき
ました。ここに記して感謝申し上げます。

　　2020年10月

　　　　　　　　　　　　　　　　　　　　　　　　石井英真

目 次 contents

contents

＊本書では，2019 年検定済の教科書をもとに解説しています。
＊A 社は東京書籍，B 社は啓林館，C 社は学校図書，D 社は教育出版，E 社は大日本図書，
　F 社は日本文教出版を表しています。

新学習指導要領でめざす
算数科の「主体的・対話的で深い学び」

石井 英真

① 新学習指導要領で算数科は
　何が変わるのか
② 算数科でめざす「主体的・
　対話的で深い学び」とは
③ 教科書を使いこなすポイント

新学習指導要領で算数科は何が変わるのか

　内容ベースから資質・能力ベースへの転換を掲げる新学習指導要領では，育成すべき資質・能力を「三つの柱」（「何を理解しているか，何ができるか〈生きて働く『知識・技能』の習得〉」「理解していること・できることをどう使うか〈未知の状況にも対応できる『思考力・判断力・表現力など』の育成〉」「どのように社会・世界と関わり，よりよい人生を送るか〈学びを人生や社会に生かそうとする『学びに向かう力・人間性など』の涵養〉」）で，各教科や領域の目標を整理しています。

　また，現在の授業や学びのあり方を，子どもたちの学習への積極的関与や深い理解を実現するものへと改善していくための視点として，①学ぶことに興味や関心をもち，自己のキャリア形成の方向性と関連づけながら，見通しをもって粘り強く取り組み，自己の学習活動を振り返って次につなげる「主体的な学び」が実現できているか。②子ども同士の協働，教職員や地域の人との対話，先哲の考え方を手掛かりに考えることなどを通じ，自己の考えを広げ深める「対話的な学び」が実現できているか。③各教科などで習得した概念や考え方を活用した「見方・考え方」を働かせ，問いを見いだして解決したり，自己の考えを形成し表したり，思いをもとに構想，創造したりすることに向かう「深い学び」が実現できているか，という三つの視点が挙げられています。

　算数科については，数学的活動のプロセスにおいて働く見方・考え方（事象を数量や図形およびそれらの関係などに着目してとらえ，根拠をもとに筋道を立てて考え，統合的・発展的に考える）を明らかにしたうえで，実生活・実社会との関わりと算数・数学を統合的・発展的に構成していくことの両面を意識しながら，数学的な思考のプロセスが明確化されています。また，問題発見・解決の過程の振り返り，いわば自己調整的な態度も重視されています。

　図1に示したように，2016年12月の中央教育審議会答申では，算数・数学の問題発見・解決の過程（「事象を数理的にとらえ，数学の問題を見いだし，問題を自立的，協働的に解決し，解決過程を振り返って概念を形成したり体系化

図1　算数・数学の学習活動のモデル

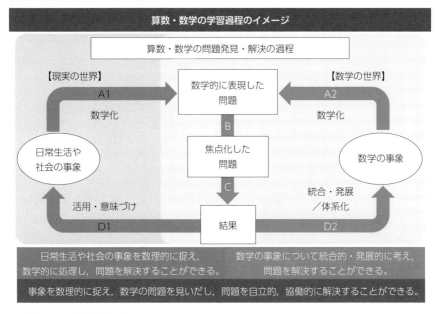

※各場面で，言語活動を充実
※これらの過程は，自立的に，時に協働的に行い，それぞれに主体的に取り組めるようにする。
※それぞれの過程を振り返り，評価・改善することができるようにする。

したりする過程」）について，「日常生活や社会の事象を数理的にとらえ，数学的に表現・処理し，問題を解決し，解決過程を振り返り得られた結果の意味を考察する，という問題解決の過程」と，「数学の事象について統合的・発展的にとらえて新たな問題を設定し，数学的に処理し，問題を解決し，解決過程を振り返って概念を形成したり体系化したりする，という問題解決の過程」，いわば「数学を使う活動」と「数学を創る活動」の二つの過程が相互に関わり合って展開する過程としてモデル化しています。新学習指導要領に示されている「数学的な見方・考え方」や算数科における資質・能力の三つの柱も，この学習活動モデルをベースに考えられています。

　実社会・実生活と数学とのつながりは，教科内容構成のレベルでも強調されています。とくに，新学習指導要領では，社会生活などのさまざまな場面

において，必要なデータを収集して分析し，その傾向をふまえて課題を解決したり意思決定をしたりすることが求められているとされ，統計的な内容をはじめ，「データの活用」（2008 年版学習指導要領における「資料の活用」）に関わる内容が拡充されています。また，プログラミングに関わる活動を実施する場の一つとしても，算数は位置づけられています。

　それとも関係して，小学校算数科においては，従来の「A 数と計算」「B 量と測定」「C 図形」「D 数量関係」という 4 領域が再構成され，「A 数と計算」「B 図形」「C 測定（第 1 学年～第 3 学年）」「C 変化と関係（第 4 学年～第 6 学年）」「D データの活用」という 4 領域に改められました。すなわち，4 年生以降は，これまで「量と測定」に含まれていた，図形の求積に関わる内容が「図形」領域に移され，量（内包量を含む）の数値化に関わる内容が「変化と関係」の領域に統合される形となっているのです。こうして，中学校数学科との間で領域構成が一貫させられるとともに，かつての数量関係の領域が拡充されたとみることもできます。

算数科でめざす「主体的・対話的で深い学び」とは

(1) 学力の質の 3 層構造と学習活動の 3 軸構造

　資質・能力の三つの柱と主体的・対話的で深い学びが提起している授業改革の方向性は，学力論や学習論の基本的な知見，とくに教科の学力の質の 3 層構造と，学習活動の 3 軸構造をふまえて考えるとより明確になります。

　ある教科内容に関する学力の質的レベルは，以下の 3 層でとらえられます。個別の知識・技能の習得状況を問う「知っている・できる」レベルの課題（例：穴埋め問題で「母集団」「標本平均」などの用語を答える）が解けるからといって，概念の意味理解を問う「わかる」レベルの課題（例：「ある食品会社で製造したお菓子の品質」などの調査場面が示され，全数調査と標本調査のどちらが適当かを判断しその理由を答える）が解けるとは限りません。さらに，「わかる」レベルの課題が解けるからといって，実生活・実社会の文脈での知識・技能の総合的な活用力を問う「使える」レベルの課題（例：広島市の軽自動車台数

図2　学力・学習の３層モデル

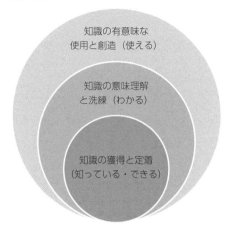

（出典：石井英真『今求められる学力と学びとは──コンピテンシー・ベースのカリキュラムの光と影』日本標準，2015年より抜粋。）

を推定する調査計画を立てる）が解けるとは限りません（図2）。そして，社会の変化のなかで学校教育に求められるようになってきているのは，「使える」レベルの学力の育成と「真正の学習（authentic learning）」（学校外や将来の生活で遭遇する本物の，あるいは本物のエッセンスを保持した活動）の保障なのです。なお，「使える」レベルの円のなかに「わかる」レベルや「知っている・できる」レベルの円も包摂されているという図の位置関係は，知識を使う活動を通して，知識の意味のわかり直し・学び直しや定着も促されることを示唆しています。「使える」レベルのみを重視するということではなく，これまで「わかる」までの2層に視野が限定されがちであった教科の学力観を，3層で考えるよう拡張することがポイントなのであって，折に触れて「使える」レベルの思考の機会を盛り込むことで，さらに豊かな「わかる」授業が日々展開されることが重要なのです。

　学力の質的レベルの違いにかかわらず，学習活動は何らかの知識，スキル，情意（資質・能力の要素）の育ちを含んでいます。学力の階層ごとに，主に関連する知識，スキル，情意の例を示したのが表1です。単に，知識，スキル，情意を一体のものとして追求するのみならず，どの質の知識を，どの

表1 教科の学力・学習の3層構造と資質・能力の要素

学力・学習活動の階層レベル（カリキュラムの構造）		資質・能力の要素（目標の柱）			
		知識	スキル		情意（関心・意欲・態度・人格特性）
			認知的スキル	社会的スキル	
教科の枠づけの中での学習	知識の獲得と定着（知っている・できる）	事実的知識、技能（個別的スキル）	記憶と再生，機械的実行と自動化	学び合い，知識の共同構築	達成による自己効力感
	知識の意味理解と洗練（わかる）	概念的知識，方略（複合的プロセス）	解釈，関連付け，構造化，比較・分類，帰納的・演繹的推論		内容の価値に即した内発的動機，教科への関心・意欲
	知識の有意味な使用と創造（使える）	見方・考え方（原理，方法論）を軸とした領域固有の知識の複合体	知的問題解決，意思決定，仮説的推論を含む証明・実験・調査，知やモノの創発，美的表現（批判的思考や創造的思考が関わる）	プロジェクトベースの対話（コミュニケーション）と協働	活動の社会的レリバンスに即した内発的動機，教科観・教科学習観（知的性向・態度・思考の習慣）

（出典：石井，前掲書から一部抜粋。）

質のスキルを，どの質の情意を重視するかと問う必要があります。資質・能力の三つの柱は，学力の3要素それぞれについて，「使える」レベルのものへとバージョンアップを図るものとして読むことができます。それは「生きて働く学力」の追求という古くて新しい課題に取り組むことを意味します。

また，学習活動は何らかの形で対象世界・他者・自己の三つの軸での対話を含みます。主体的・対話的で深い学びは，この学習活動の3軸構造に対応するもの（対象世界とのより深い学び，他者とのより対話的な学び，自己を見つめるより主体的な学び）としてとらえることができるでしょう。主体的で対話的な学びの強調については，手法化による活動主義・技術主義が危惧されました。これに対して，教科の学びとしての中身のある活動や話し合いになっているかどうかを問うものとして，「深い学び」の必要性が提起されました。それは，子どもたちが対象世界（教材）と向き合っているかどうかを問うものといえます。

　主体的・対話的で深い学びをめぐっては，学習者中心か教師中心か，教師が教えるか教えることを控えて学習者に任せるかといった二項対立図式で議論されがちです。しかし，グループで頭を突き合わせて対話しているような，主体的・協働的な学びが成立しているとき，子どもたちの視線の先にあるのは，教師でもほかのクラスメートでもなく，学ぶ対象である教材でしょう。

　授業という営みは，教師と子ども，子どもと子どもの一般的なコミュニケーションではなく，教材を介した教師と子どもとのコミュニケーションである点に特徴があります。この授業におけるコミュニケーションの本質をふまえるなら，子どもたちがまなざしを共有しつつ教材と出会い深く対話し，教科の世界に没入していく学び（その瞬間自ずと教師は子どもたちの視野や意識から消えたような状況になっている）が実現できているかを第一に吟味すべきです。教科の本質を追求することで結果としてアクティブになるのです。

(2) 「教科する」授業をめざす

　授業をアクティブなものにすることと教科の本質を追求することとを結びつけ，かつ「真正の学習」を実現する授業づくりのヴィジョンとして，「教科する（do a subject）」授業（知識・技能が実生活で生かされている場面や，その領域の専門家が知を探究する過程を追体験し，「教科の本質」をともに「深め合う」授業）を提起したいと思います。それは，子どもたちに委ねる学習活動の問いと答えの間を長くしていくことを志向していると同時に，教科の本質的かつ一番おいしい部分，とくにこれまでの教科学習であまり光の当てられてこなかったそれ（教科内容の眼鏡としての意味，教科の本質的なプロセスのおもしろさ）を子どもたちに経験させようとするものです。

　教科学習の本来的意味は，それを学ぶことで身の回りの世界の見え方や関わり方が変わることにあります。「線対称」や「点対称」について学んだうえで，改めて日常のなかで美を感じる形や模様を見直し，自分の身の回りにそれが生かされているのに気づくことで，そうした対称関係を生かして造形したり，ものの配置を考えたりするようになるといった具合です。それは，教科内容の眼鏡としての意味を顕在化することを意味します。

また，教科の魅力は内容だけではなく，むしろそれ以上にプロセスにもあ
ります。たとえば，算数においては，定型的な問題が解けることよりも，目
新しい問題に対して，問題と格闘して，自分なりに方針を立てたり，解ける
ことだけで満足せず，なぜそうなるのかという解法の意味を考えたりするこ
とが大事だと，たいていの教師は言うでしょう。しかし，多くの授業におい
て，見通しを持つという名の下に，この問題を解くためにはこの小課題を解
く必要があると，問題の分析やアプローチの仕方まで教師がおぜん立てして，
あとは機械的に解くだけということになっていないでしょうか，子どもが自
分たちで解法の意味について議論するのではなく，教師が一方的に説明して
終わりになっていないでしょうか。証明する活動も，図形問題の一種として，
技能として学ばれても，論証する，「数学する（do math）」機会は保障され
ていないのではないでしょうか。
　多くの授業で教師が奪ってしまっている各教科の一番本質的かつ魅力的な
プロセスを，子どもたちにゆだねていく。ここ一番のタイミングでポイント
を絞ってグループ学習などを導入していくことで，ただアクティブであるこ
とを越えて「教科する」授業となっていくのです。「深い学び」を実現する
手がかりとして各教科の「見方・考え方」が示されていますが，それは子ど
もたちにゆだねる学びのプロセスが本質を外していないかどうかを判断する
手がかり（教材研究の視点）と考えることができます。「見方・考え方」につ
いては，スキル化，リスト化して教科書にちりばめ直接指導しようとする傾
向もみられますが，正解（遵守すべき型）のようにとらえるのではなく，一
つの手がかりとして，それぞれの学校や教師がその教科を学ぶ意味について
議論し，学びのプロセスに本質を見いだす目を磨いていくことが重要です。

(3)「末広がり」の単元構造と知識構築学習の創造へ

　「教科する」授業をデザインしていくうえでは，「末広がり」の単元構造と
知識構築学習を意識するとよいでしょう。従来の各教科の単元展開は，「尻
すぼみ」の構造になりがちです。導入で生活場面を扱うことはありますが，
生活場面からひとたび教科の世界（科学的概念）への認識の飛躍（「わたり」）

を成し遂げたなら，後は抽象的な教科の世界だけで話が進む。そして最後は問題演習など機械的で無味乾燥な学習で授業や単元が終わるわけです。

　これに対し，教科の世界で概念を形成したら，もう一度それを複合的な現実生活に埋め戻すこと（「もどり」）を意識するとよいでしょう。「使える」レベルの課題（特定の内容を当てはめることで解決できる「適用」問題ではなく，問題状況に応じて手もちの知識・技能を結集するプロセスが試される「総合」問題）を位置づけて単元末を豊かにするわけです。これによって「尻すぼみ」の単元構造を「末広がり」の構造に変えることができます。そして，「もどり」の機会があることによって，子どもの生活や生き方はより知的に文化的に豊かになり，一方で，概念として学ばれた科学的知識は，現実を読み解く眼鏡（ものの見方・考え方）として，より腑に落ちる形で学び直されるのです。

　学習の集大成（教科の実力が試される本物のゴール）として単元末や学期の節目に「使える」レベルの課題を設定する。そして，それに学習者が独力でうまく取り組めるために何を指導し形成的に評価しなければならないかを意識しながら，日々の授業では，むしろシンプルな課題を豊かに深く追求する「わかる」授業を組織するわけです。こうして，長い見通しで「真正の学習」を意識することで，「わかる」授業も，毎時間正解へと教師が導いていく知識発見学習を越えて，必ずしも1時間で正解や最適解に至らなくても，それらを構築するプロセス（まとまった単位の学習活動）を学習者たち自身が協働で遂行することやそこでのプロセスの質や本質性を重視する知識構築学習となっていくでしょう。

（4）教材研究の重要性

　若い教師たちが増えている状況下で，標準授業モデルとしてのスタンダードが各自治体から提案されていますが，そこにおいて「学び合い」という形をなぞることが標準化されていないでしょうか。教科書などの課題を提示して，グループで取り組むよう指示し，各グループから出てきた意見をただ交流して終わる。こうした形をなぞることで，表面的に学習者主体の授業が成立しているようにそつなく見せることはできるかもしれません。しかし，学

習の規律と時間を管理する役割を果たすだけで，子どもたちが教材と対話し学び深めていく過程に教師が絡んでいかないなら，学びの責任は学習者に丸投げされ，その質は保障されないでしょう。

とくに，小学校については，授業はすでに十分アクティブであり，活動主義にならないよう，課題の質を吟味したり，グループでの子どもたちの思考とコミュニケーションの中身を見取って次の一手を構想したり，多様な考え方を関連づけたりゆさぶったりすることが必要であり，そのために教師は教科内容や教材に関する深い理解と，それを子どもの学びと結びつける構想力が求められます。

教材研究とは，教師が子どもたちに本当に教えたいものを吟味し，そして，そうした教師が教えたいものを子どもの学びたいものにするような素材（ネタ）をデザインすることです。それは，教科の本質的なポイントを外さずに中身のある学びを保障することにつながります。さらに，そうした教材研究のプロセスは，子どもに先立って教師が一人の学び手として教材と対話するということであり，教師自身の知識が増えてその教科に精通したり，教科の内容をとことん学び深めることを経験したりすることで，子どもたちが授業過程で出してくる多様な考え方を受け止め，学びのプロセスに伴走しつつその深まりを導くことを可能にするでしょう。

そうした教材研究の重要性は誰もが理解するところでしょうが，いざ具体的に教材研究ってどうすればよいのかということになると，教科書教材の提示の仕方を少し変えてみたり，逆に，教科書を横に置いておいてネットやネタ本に載っている他人が作った盛り上がりそうな教材を借用してみたりといった，表面的で一過性の工夫にとどまってはいないでしょうか。以下，教材研究の基本を確認しながら，新教科書との付き合い方について述べます。

③ 教科書を使いこなすポイント

(1) 改めて,「教材研究」とは何か

　教材研究を行う際には，教える内容（教科内容）とそれを教えるための素材や活動（教材）とを区別することが出発点となります。そのうえで，教科書などで教材化されている素材や活動の内容や趣旨を理解し，その価値をその教科の本質との関係でとらえなおしてみること（教材解釈）と，教科内容のポイントをふまえたうえで，教科書に挙げられている教材を微調整したり，差し替えたりして，新たな教材（ネタ）を生み出すこと（教材開発），そうした教科内容と教材との間を往復する思考が重要となります。

　ここに示した教科書の一節を例に具体的に説明しましょう。あまったテープの長さをどう表すかを考える場面で何を教えることが期待されているのか。センチメートルからメートルへの単位換算ではないか。いや小数ではないか。ポイントとなるのは，「◯は 30cm くらいかな」というイラストの女の子の発言です。◯は三つ分でちょうど 1m になる。小数では 0.333… m となりすっきり表せないけれど，「分数」を使うとすっきり表せる。つまり, この場面は,「分数」概念を教える導入場面なのです（教材解釈）。しかし，分数を教えるのであれば，ホールケーキ，ピザなど，丸いものを等分する場面のほうが，子どもたちの生活とつながるのではないかと，教科書で示された場面とは異なる教材の可能性に思い至ります（教材開発）。一方で，なぜ教科書はそうした不自然な場面で教えるのかと再度立ち止

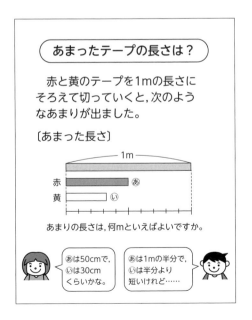

あまったテープの長さは？

　赤と黄のテープを1mの長さにそろえて切っていくと，次のようなあまりが出ました。

〔あまった長さ〕

あまりの長さは，何mといえばよいですか。

あは50cmで，
いは30cm
くらいかな。

あは1mの半分で，
いは半分より
短いけれど……

まって考えることで，分数指導の争点である，割合分数（「2mの3分の1」）と量分数（「1/3m」）の違いへの理解が深まります（教材解釈）。こうして教科書の意図をふまえたうえで，量の意味を強調しつつ1枚の折り紙で教えるといった別の教材の可能性を探ることもできるでしょう（教材開発）。

　このように，教師自身が教えるべき内容の本質や価値を認識し，教えたい内容を明確にしていくとともに，それを子どもが学びたいと思える教材へと具体化していく，そして，より子どもの興味を引くもの（具体性）でありかつ，それに取り組むことで自然と教えたい内容が身につくもの（典型性）へと練り上げていく，この一連の飽くなき追究の過程が教材研究なのです。

（2）教材研究の二つの道筋

　教材研究には，教科書などをもとに教えるべき内容を明確にしたうえで，それを子どもが学びたいと思う教材へと具体化するという道筋（教科内容の教材化）だけでなく，日常生活のなかの興味深いモノや現象や出来事の発見から教材化に至る道筋（素材の教材化）もあります。たとえば，「関数」を教える教材として，ブラックボックス（「傘（かさ）」の絵を入れると「坂（さか）」の絵が出てくる（さかさに読む働き）といったクイズ的なものから始まり，3を入れると5が出てくる（$y=2x-1$という働き）といった数学的なものへと展開する）を用いるという場合，ブラックボックスは，「関数」概念の基本構造をわかりやすく教えるために，典型性を備えた教材として設計されています。一方，漫画「ドラえもん」の「バイバイン」の話をもとに，5分に一度2倍に増える栗まんじゅうの行く末を考えることで指数関数（$y=2^x$）について学ぶ授業は，ネタの発見から教材化に至った例ととらえることができます。

　教える内容を眼鏡に，あるいは，子どもたち目線で彼らが何に追究心をくすぐられるかを想像しながら，日常生活を見渡せば，新聞，テレビ番組，電車の中の広告，通学路の自然や町並みのなかに，教材として使えそうなネタが見つかるでしょう。気がつくとネタを探してしまうアンテナができはじめたらしめたもので，教材研究の力はぐんぐん伸びていきます。

　また，教科内容から出発するにしても，素材から出発するにしても，教材

化する前提として，どうしてもこれは子どもたちに伝えたい，つかませたい，教えたいというものを，そもそも教師はもてているでしょうか。「関数」とは何でありそれを学ぶことにどんな意味があるのか。子どもの学習に先立ってこうした問いに教師自身が向き合い，教師が一人の学び手として納得のゆくまで教材をかみ砕きその価値を味わう経験も忘れてはなりません。

（3）教科書との付き合い方

　教科書との付き合い方として，しばしば「教科書を教える」ではなく「教科書で教える」という言い方がなされてきました。教科書に書いてある事柄を，網羅的に教えるべき教科内容としてとらえ，それらを無批判に受容し，教科書べったりで授業を進めるのではなく，教科内容と教材とを区別し，教科書の内容や教材や記述について批判的に分析を加え，不十分な部分は補助教材を活用したりしながら，まさに先述の教材研究の基本をふまえて，教科書を最大限に生かしていくという意味がそこには込められています。

　このように書くと，教科書は絶対でそのとおり教えないといけないのではないかという声が聞こえてきそうです。そうした教科書の絶対視に陥らず，教材の工夫や組み替えの余地があることを知るうえで，同じ教科の複数の会社の教科書を比較検討してみるとよいでしょう。新教科書も教科書会社によってそれぞれ表に示したような特徴が見て取れます（表2）。

　たとえば，動かせぬ系統があるように思われる算数科でも，「小数」と「分数」のどちらを先に指導するかといった内容配列のレベルでも，教科書会社による違いがみられるし，同じ内容を教えるのに異なった題材や活動が用いられています。また，新教科書については，学習指導要領で示された資質・能力ベースの改革の趣旨をどう具体化するかが課題となっており，見方・考え方，学んだことを現実世界や数学世界で生かすこと，学び続けていく力につながる課題発見や振り返り，主体的・対話的で深い学び，知識の定着の問題などが，各社共通に意識されてはいますが，その受け止め方はさまざまであり，強調点にも違いがみられます。

　表に示したような違いも参考にしながら，他社の教科書は，年間の指導計

表2　各社の算数教科書の特徴

	全体的なコンセプトと強調点	授業展開の形式
東京書籍	単元末に知識・技能の活用・確認を行うのみならず，授業や単元末で見方・考え方のまとめを示すなど，現実世界や算数・数学の世界に学び方を生かす。	問題をつかもう→自分の考えを書き表そう→友達と学ぼう→振り返ってまとめよう
啓林館	既習事項を振り返りながら新しい概念を筋道立てて考えていき，多様な考え方に触れるようにする，めあてとまとめがセットで示されている。	どんな問題かな→自分で考えよう→みんなで話しあおう→たしかめよう・振り返ろう
学校図書	現実世界から問題を見つけ，新しい問いを見いだしながら，単元末で生活場面にさらに生かす，グループ活動や見方・考え方が明示的に強調されている。	自ら進んで学ぶ主体的な学び→友達とともに学び合う対話的な学び→学習したことを生かす深い学び
教育出版	子どもの問いから始まりさらなる問いへ，単元導入で身近な題材からモデル化し単元末で日常生活に活用する，見方・考え方を子どもの言葉で示す。	問題をつかむ（はてな）→自分の考えをもつ→みんなで話し合う→振り返る（なるほど→だったら…）
大日本図書	めあてに対して「発見」が対応するが，内容に関するまとめだけでなく，考え方に焦点を当てたものも示し，ひらめきアイテムとしてためていく。	問題をつかもう→自分で考えよう→学び合おう→まとめよう・使ってみよう→振り返ろう
日本文教出版	新しい単元に入る前に既習内容を確認したり，間違いやすい問題を明示したりするなど，基礎・基本的な力を着実に定着させる。	どんな問題かな→考えよう→学び合おう→振り返ろう

画や単元計画を再検討する手がかりとして，日々の授業に生かす教材集として用いることができるでしょう。教科書は絶対ではないし，法的にもあくまで「教科の主たる教材」なのであって，副教材などで補ったり，場面や素材自体を再構成したりする作業は不可欠です。さらにいえば，教科書はその性格上，教材としての制約や限界ももっています。以下，教科書の教材としての限界を自覚しながら教科書を使いこなしていく術について述べていきます。

(4) 教科書教材の限界とそれを補う視点

　第1に，公教育の場で全国的に用いられる検定教科書は，特定の地域や立場に偏らないよう構成されています。たとえば，教室や生活に即した問題場面が示されるにしても，どこにでも当てはまりそうで実際にはどこにも当てはまらないような一般的な形で，いわば顔なしの文脈として，書かれてい

て，子どもたちが実際に住む地域や彼らの生活の風景から場面を再構成しないと，子どもたちにリアリティや問題の切実性を感じさせることはできません。また，課題提示の仕方なども，無難で優等生的なものになっており，現実の子どもの感性や情動をくすぐるようなひと工夫が必要となります。たとえば，九九表のきまりを見つけるにしても，ただ見つけなさいと指示するのではなく，虫食いになっている九九表について，どこが虫食いになっているのかを見なくても，まん中の数を聞くだけで，虫食いになっている部分の合計がわかるという，手品師的演出をして，子どもたちを課題に引き込んでいくわけです。

　第2に，教科書では紙面の制約ゆえに，たとえば，国語科において原作からの削除・圧縮や改作が行われたり，理科や社会科において事象や因果関係の説明が不十分だったり，算数・数学科において問題と問題の間に飛躍があったりします。それらのポイントを見極め，内容を補足したり行間を埋めたりすることが必要です。逆に，これらの限界を意識することで，教材や発問のヒントを得ることもできます。たとえば，原作との表現の違いを掘り下げることで，原作の構成や表現の巧みさに気づかせる，「幕府をひらく」というあいまいな表現の意味を突っ込んで吟味することで，「そう言われてみれば，幕府をひらくとはどういうことだろう」と思考を触発する，あるいは，最初の問題（例：最大公約数を使って，縦18cm，横12cmの方眼紙を，余りが出ないようにできるだけ大きな正方形に分ける）で学んだ方法をそのまま当てはめるだけでは解けない問題（例：同じく最大公約数を使うが，男子36人，女子48人を，余りが出ないように，できるだけ多くの，同じ人数構成のグループに分ける）であることを生かして，グループで挑戦する発展問題として位置づける，といった具合です。

　さらに，近年の教科書は，学習者の問いや思考の過程を想定した構成となってきており，経験の浅い教員の増加を意識しすぎるあまり，課題把握から自力解決，集団解決，振り返りへと至る授業展開の形式の説明，ノートの作らせ方，教科書の使い方なども詳しく説明されており，子どもたちの学びをガイドするテキスト（児童または生徒用図書）というより，教師に授業の

進め方を示すマニュアル（経験の浅い教師用の図書）となっています。その傾向は新教科書においてさらに強まり教科書の指導書化ともいうべき状況に至っています。表2に示したように，各社が想定する授業の組み立てや学習の流れがかなりはっきりと示されるようになっているため，それを自明視するのではなく，他社の教科書なども参考にしつつ，授業の組み立て方について自覚的に検討することが必要でしょう。また，指導書化した教科書には，見方・考え方に関する記述をはじめ，グループ学習の進め方や考えの伝え合い方など，学習指導要領の解説的な内容も含まれており，そうした膨らんだ教科書の情報量に圧倒されず，教科書の核心である教科内容と教材の部分にこそ注意を向けることが重要となります。

　こうした制約を自覚しながら，内容，素材はもちろん，数値の選び方や内容配列の意味，さらには，単元や授業の組み立て方について，隅々まで学びつくすことが重要です。研究授業のために教材研究をするときなど，子どもにとって食いつきのいいネタにしさえすればよいと，教科書を無視した恣意的な教材開発になってはいけません。教科書は，数値一つにもこだわって作成されています。繰り上がりのあるたし算の導入が 9 ＋ 4 なのにも意味があり，なぜ計算問題の順序はこうなっているのかを考えることで，教材の本質に迫ることができるし，単元，さらにはより長いスパンの系統性に気づくこともできるでしょう。

　実践編では，各学年の主要な単元を取り上げながら，教科書をどう読み解き，どう工夫するかで，子どもたちがワクワクするような教材や授業をつくっていけるのかを具体的に示していきます。

参考・引用文献

石井英真（2015）『今求められる学力と学びとは──コンピテンシー・ベースのカリキュラムの光と影──』日本標準

石井英真編（2017）『小学校発　アクティブ・ラーニングを超える授業』日本標準

石井英真（2019）「算数・数学科」西岡加名恵・石井英真編『教科の「深い学び」を実現するパフォーマンス評価』日本標準

石井英真（2020）『授業づくりの深め方』ミネルヴァ書房

第1学年

1 大きさくらべ　　[C 測定]

❶ 新教科書はここが変わった！

(1) 学習内容のポイント

　１年生では，長さ，かさ，広さについて扱いますが，最初に扱う長さについては１～３年生で学習する領域「C 測定」で取り扱う量のなかで基本的な考え方を学習します。

　量の単位や測定の意味を指導するうえで大切なことは，まず，直接あるいは間接的に大きさを比べたりする活動を通して，その量についての理解を深めていくことです。そして，長さなどを比べる活動を通して，「比較」から数値化した「測定」へと発展していく学習体験をさせることが重要です。

　見慣れている身の回りのものに対して，長さという見方で関わっていくことは，今後，事象を数理的にとらえ，数学の問題を見いだし問題を自立的，協働的に解決する資質を育成する基礎となるものです。

　子どもは身の回りのものを見るときに，さまざまな属性を伴って見ています。たとえば，教卓が入口から出るかどうかを考えるとき，一般的には教卓の短い辺を考えますが，子どもの座席から見たとき，見えている長い辺に思考が引き寄せられることがあります。また，机は大変重いものであり，動かしたり方向をかえたりすることは容易でないという認識もあります。そのような認識から出し入れするにはどの辺を抽出すればよいかを考え，教卓

> 大人にとって当たり前と思っていることも丁寧に指導しましょう。小さい容器に移し替えて水位があがっても，量はかわりません。量には移しても，分けても，形を変えても，全体の大きさは変わらないという性質があることを理解していないと学習が成立しません。

の短い辺を指し示し，「こことここを比べる」ということを明確にしなければなりません。

　子どもの身の回りのことを教材として扱うことは有効ですが，算数の教材として必要な要素を取り出していくことは，今後の算数の学習で何度も出会うことになります。

　なお，属性の捨象や量の保存性，量の加法性といった量のもつ基本的な性質については，さまざまな数学的活動を通して次第に理解できるようにしなければなりません。

(2) 「主体的・対話的で深い学び」につながる教科書の工夫

　主体的な学びの視点では，子どもが教材に働きかける場を工夫することが考えられます。1年生は比べることについて興味を示し，「こっちのほうが長いよ」などと結果の見通しをすぐに言いはじめます。そのような場面で，「本当にそうかな」「どうしたらはっきりするかな」と論理的な思考に導きます。そして方法の見通しをもち，数学的な活動を通して，結果を吟味するという一連の問題解決の過程を体験させることができる展開にします。板書や掲示においてそれぞれの過程を明確にし，振り返ることができるように工夫しましょう。

　対話的な学びの視点では，比較する方法のアイデアを出させることが挙げられます。長さ比べでは，比べる必要感をもたせるとともに，直接比較できないような場面設定からアイデアを考えます。教科書では，教卓の幅と出入口の幅，さらに特別教室の机の幅も比較し，出し入れできるかを調べる活動があります。そのときにどのような方法かだけでなくどのように判断するかを筋道立てて説明させることも重要なポイントです。教科書には，このような説明を促す挿絵や吹き出しがありますから，それを参考に簡潔・明

どちらが長いかの長短の判断を言うだけでは不十分です。「Aは〜です。Bは〜です。だからAのほうが長いです」と言えるよう指導しましょう。

瞭・的確に説明できるような支援が必要です。

　深い学びの視点では，長さを解決していくときに，比べ方についていろいろな方法を試してみることで長さの見方が広がるように，数学的活動を通して概念の確立に近づくようにすることです。そして，広さやかさについても，学習経験から直接比較，間接比較，任意単位による測定という比べ方ができることについて気づくことができるようにし，対象や方法が違っても測定を通した数学的な思考の進め方を学ぶことを大切にしましょう。

(3) 単元づくりのポイント

　単元は，量の測定の4段階を体験的に学習していきます。1年生で学習するその主な教材は表のとおりです。普遍単位は，2年生の学習となります。

1年生で学習する量の測定の主な教材

	長さ	かさ	広さ
直接比較	えんぴつ ひも はがきの縦横	容器の移し替え	レジャーシート
間接比較	出入口の幅をテープにうつしとる	大きい容器を媒介物とする	
任意単位	消しゴム あた 車両 クリップ マス目	容器何杯分	マス目 模様

　直接比較：比較するものを直接重ね合わせるなどして比較する。
　間接比較：比較するものを別なものに写し取ったり，媒介物に入れたりして比較する。
　任意単位：比較するものより小さい任意のものの大きさを単位として，そのいくつ分かで比較する。
　普遍単位：共通の単位を用いて比較する。（2年生）

① 直接比較

　長さでは，2本の鉛筆の長さを比べる場合に，並べて置いたり重ねたりして比べることができます。この場合は，一方の端を揃えることにより，もう一方の端で長さの大小を比べることができます。

　かさでは，2つの水筒に入るかさを比べる場合に，一方の水筒にいっぱいに入れてもう一方に移し替えたとき，あふれるかどうかで比べることができます。また，箱の場合は一方にすっぽりと入ったかどうかで比べることができます。

　広さでは，2枚のレジャーシートの大きさを比べる場合に，角を揃えて重ねることで，一方が他方に完全に含まれるのであれば，広さの大小を比べることができます。厳密にいえば角を合わせなくても比較できることもありますが，比較の条件として端を揃えることを指導しておきましょう。

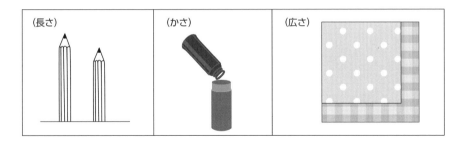

② 間接比較

　長さについては，たとえば，直接合わせることができない机の縦と横の長さを比べる場合，紙テープや棒を用いて長さを写し取ることにより，もとになる大きさと比べることができます。場所が離れているところの長さも，媒介物を用いることで容易に比較できるよさを味わわせることが大切です。

　校内にあるものと自分の身長を比較するために，身長と同じ長さの紙テープを持って校内を調べてまわる活動は，子どもが興味をもちます。測りとるときに自分の両手を広げた長さとほぼ同じことに気づけば，さらに関心が高まります。

③　任意単位

　任意単位は，測るものより小さい任意のものの大きさを単位として，それがいくつ分あるかを調べることで，大きさを数で表すことで比べることができます。任意単位を使うと，数値化することができ，3つ以上のものの量を比べることができます。つまり，「どちらがどれだけ大きい」とか，「これが○番目に大きい」という言い方が可能になります。

　長さの任意単位による測定については，ブロックや計算棒など，多数の同型のものがそろう場合は，視覚的に結果が明らかになりますが，大きさの違う消しゴムを集めて並べることもあります。このような例を挙げて，単位は同じ量のものを使わなければならないことや，指を広げる「あた※」のように必ずしも並べなくてもよいということにも触れる必要があります。

> 任意単位を並べる場合も，並べずに測りとる場合も，一つ分の重なりや隙間がないよう，ていねいに測りとる指導をしましょう。

※あたは，親指と中指を広げたときのそれぞれの指先を結んだ長さです。

(4) 単元目標と単元計画（全5時間）＊広さは別単元で指導

　ものの長さ・かさについて，直接比較や間接比較を用いて長さやかさを調べる活動を通して，長さ・かさの概念を理解するとともに親しみながら学ぶ態度を養う。

知識・技能	長さ・かさの概念を理解し，具体物の長さ・かさの比較ができる。
思考・判断・表現	長さ・かさの比較を通して，測定の基礎となる考え方を身につける。
主体的に学習に取り組む態度	長さ・かさのくらべ方に興味をもち，そのよさを知り，進んでいかそうとする。

・ながさくらべ（3時間）
・かさくらべ（2時間）

② 「大きさくらべ」の授業はこう変わる！

(1) 本時のポイント　かさくらべ（2／2時間）

① 長さの学習を生かす

　本時では第1時で移し替えによる直接比較と容量が大きい入れ物に移して比較する間接比較を経験した後に学習するものです。比較から測定への移行を促すために，学習問題には「どれだけ」が入っていることがポイントです。また，長さの学習経験を生かすために掲示物やノートで振り返ることができる学習環境を整備しておくと効果的です。教科書にもキャラクターや子どもの吹き出しで長さに触れていますから，子どもの発言を生かして長さに結びつけていきましょう。

　長さの学習で，量の測定の4段階をそのままの言葉でなく方法として子どもの言葉でネーミングをしておくと想起しやすくなります。

　たとえば，直接比較は2つのものを直接あてて比べるので「そのままあてる法」，間接比較はひもなどに写しかえるので「うつしかえ法」，任意単位は小さいもののいくつ分かを比べるので「いくつ分法」など，操作の特徴が思い浮かぶようにしておくと効果的です。長さでネーミングするときには，かさでも通用するように言葉を選ぶことも，長さとかさを結びつけるときに大切なことです。本時の導入で「どれだけ」の言葉を使いますが，これも長さで学習済みで，スムーズに思い出す子どもを褒めながら進めていくことができます。

② かさの教材を選ぶポイント

　かさの教材については，身の回りのものを取り扱うと関心が高くていいのですが，ここで注意しなければならないのが，操作結果の数値です。教科書では導入で2つのものを比較し，次に3つ以上のものを数値化し，多い順に並べる活動をします。

　数値化のよさを味わうためには明確な数値が望ましく，操作で以下の表のような結果が得られるよう予備実験をしておかなければなりません。グルー

プごとに操作させたり全体の場で提示する操作をさせたりすることは子どもの意欲や主体性につながることですが，低学年のこの時期では数学的な価値を見いだすことをこの場では優先していきましょう。

　子どもに操作を任せる場合には，１班に 20 個程度のコップや同じ大きさのペットボトルなどの準備，コップを並べるスペースや並べ方も大切な要素です。どこまでを子どもの操作に任せてどのような数値を求めて全体の場で議論するのかをプロデュースするのは，教師の大きな仕事です。授業実践前にじっくりと研究しておきましょう。新教科書では，下の表のような題材と数値になっています。

かさの任意単位の学習の導入と数値化の場面での教材と数値　PB：ペットボトル

	導入題材	数値化の題材
A 社	PB　　5 杯，7 杯	水筒 6 杯，やかん 8 杯，水差し 7 杯半
B 社	水筒　　2 杯，3 杯	やかん 7 杯，水差し 5 杯，なべ 8 杯
C 社	びん　　4 杯，3 杯	やかん 9 杯，水差し 6 杯半，なべ 7 杯
D 社	水筒　　3 杯，2 杯	やかん 8 杯，PB 7 杯半，なべ 9 杯
E 社	PB　　5 杯，4 杯	シャンプーボトル 5 杯，8 杯，9 杯
F 社	PB　　5 杯，4 杯	水筒 5 杯，2 杯，4 杯，6 杯

　表を見てわかるとおり，導入では，コップ 1 杯の差です。あまり差が大きすぎると追究意欲がそがれてしまいますし，コップ半分のような僅差になっても差に納得がいかなくなります。コップのかさが 200mL 程度ですから，コップで横に並べてもわかる程度の数値です。低学年では 5 杯以下は瞬間的に見ても判断できる場合が多く，それ以上になると差が大きくないとわかりにくい傾向が見られます。ですから全体で操作する場合に，コップを横に並べるときには 5 杯以下の数または 5 杯以上なら差が 2 杯以上あるように設定しておく必要があります。

実験結果の数値や提示の仕方が，明瞭にしなければ的確な判断ができません。板書にも差がはっきりわかるように配置を工夫しましょう。

　教材研究で独自の教材を使用する際には，

このような要件を考慮して実践するようにしましょう。操作による端数は半分という表現で収まる程度として,「ちょっと」などの表現を使いはじめると操作の精度にかかってきますから,そのようなことにならないよう配慮していきましょう。

　対話的な学びの場を設定するために安易にかさの移し替えを子どもに任せ,いろいろな実験結果を出すだけではなく,子どもなりのさまざまな表現を,教科の本質に迫るための「Ａが〇杯で,Ｂは〇杯です。(操作の結果) だからＢが〇杯多いです」という表現の仕方に研ぎ澄ます議論を求めてはどうでしょうか。長さの学習で任意単位のいくつ分かで測定し,数学的に結論をだすことを学習してきているので,これを生かすことを授業の中心にすえましょう。1年生といえども直近に学習したことを想起して数理を高めていくことは大切な見せ場といえるでしょう。

　定着問題の数値化の操作においては,3つの数値が並べられることになります。「7杯, 6杯, 8杯」と横に並べると大人でもどれが大きいのか混乱します。縦に並べるには実際のコップを並べることは難しいので板書でうまく比較できるようにしなければなりません。

　この場合も,「こっちが多い」という結果だけでは不十分です。操作の結果を明確にして結論を述べた的確な説明のよさを意図的に印象づけていくことが,今後の算数を生活に生かしていくことのできる資質の育成につながります。

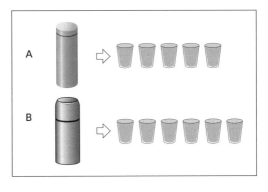

(定着問題)

(2) 学習指導案例

【本時の目標】

　コップを任意単位としてかさを比べる活動を通して，数値化するよさに気づき，測定の素地を養う。

【本時案（2 時間目／ 2）】

時間	学習活動	指導上の留意点
5 (分)	1　どちらがどれだけ多く水が入るかという学習課題をつかむ。	○ 2 つの比較に「どれだけ」ということばがあることに留意させる。 ○容器は 1L ～ 2L 程度のものを準備する。 ○長さの学習を振り返り，「どれだけ」長いかを比較したとき，ブロックなどの任意単位を用いたことを思い出させる。
	どちらがどれだけ多く入るか，コップを使って考えよう	
15	2　コップに何杯分かを調べる。	○プラスチック製の透明コップ（200mL 程度）を用意しておく。 ○満杯にすると操作のときにこぼれるので，混乱を避けるため，1 杯分は少し少なめとすることを約束する。また，同じコップであることを確認する。
20	3　同じコップの数で比較できることを理解する。	○結果を予想して，確かめる。 ○板書にコップのカードを貼りながら確認する。 ○操作の結果と，そこからいえる結論をはっきりさせる。 ○「A はコップ 5 杯分，B はコップ 6 杯分だから，B がコップ 1 杯分多い」などとまとめ，板書する。「どちらが」「どれだけ」を強調する。
5	4　ほかの 3 つの容器についても見通しをもって調べる。	○板書の言葉をつかって明確に結論を述べることを繰り返す。 ○板書には 3 つの容器のコップの数が縦に並ぶよう配置し，差が明確になるよう配慮する。 ○いくつかを確かめた後，数値化していることによって，容易に多く入る順に並べ替えることができるよさに気づかせる。

【評価の視点】

　かさをコップ何杯分かで表したり，比べたりすることができている。(思考・判断・表現)

3つの かずの けいさん
[A 数と計算]

① 新教科書はここが変わった！

(1) 学習内容のポイント

　本単元は，新しい計算方法を習得するものではなく，主に式表現と，繰り上がりのあるたし算や繰り下がりのあるひき算の計算につながる計算技能を身につけることの2つを，ねらいとしています。

① 式は数学の言葉

　これまでに子どもたちは，3 + 2，5 − 3 などの2□(くち)の数のたし算，ひき算として問題文を式に表現してきました。それを本単元から 3 + 2 + 4 のように3□(くち)の数のたし算，ひき算として表現していきます。子どもたちは，計算結果を求めることに関心が向けられがちです。3 + 2 = 5，5 + 4 = 9 と2式で解決しようとします。子どもにとっては，2つの式で順に計算したほうがわかりやすいからです。もちろん2式の方法は，間違いとはいえません。

　『小学校学習指導要領解説 算数編』(2017 年)では，「算数科の学習では，言葉による表現とともに，図，数，式，表，グラフといった数学的な表現の方法を用いることに特質がある。このような多様な表現を問題解決に生かしたり，思考の過程や結果を表現して説明したりすることを学ぶ。中でも式は『数

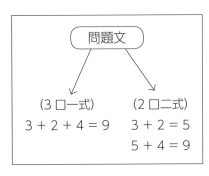

問題文

(3 □一式)　　　　(2 □二式)
3 + 2 + 4 = 9　　3 + 2 = 5
　　　　　　　　　 5 + 4 = 9

学の言葉である』とも言われるように，日常の事象における数量やその関係等を，的確に，また簡潔かつ一般的に表すことができる優れた表現方法である」と示されています。つまり，問題場面が2段階，3場面であるお話を式として表現することに意識を向けさせることが重要です。

　そのうえで，処理として計算方法を2段階で考えさせることです。3つの数を1つの式で簡潔に的確に表現して処理できるよさを感じ取ることができるようにすることが大切です。今後，式は計算処理のためだけではなく，問題場面を表現するものとして認識し，友達のかいた式を見て，その意図を読み取っていく活動が重要になります。

　3口の数の計算における式の指導においては，挿絵を使って具体的な場面に半具体物を対応させて事柄や関係を表すことができるようにするとともに，式を立てた後に，場面にもどって式を読んだり，問題場面の過程を式で処理したり考えたり，途中までの計算過程などを他人に説明したりする活動が大切です。とくに，式の表す場面や意味を読み取る指導に重点をおく必要があります。このような指導の過程で式の働きに着目させることによって，式のよさを感じとることができ，式を積極的に活用しようとする態度を育てることができるのです。

式を読むことは，高学年になってさまざまな学習場面で重要となります。低学年のうちから計算のための道具だけでなく，表現するためのものとして「式は数学（算数）の言葉」を理解させましょう。

②　繰り上がりのあるたし算や繰り下がりのあるひき算の計算につながる計算技能を身につけること

　本単元では3口の数の式で，計算が2段階になりますが，新しい計算方法は必要とせず，子どもの力で計算を解決していくことが可能です。だからといって，繰り上がりのないたし算や繰り下がりのないひき算の計算をむやみに与えるだけの練習は控えたいものです。子どもに問題作りをさせて自由な数値で計算の練習をするだけでは，教科書のもう一つのねらいが達成され

ません。それは，今後に学習する繰り上がりのあるたし算や繰り下がりのあるひき算の計算につながる計算技能を身につけることにあります。

第1時の増加・増加の問題の練習問題では，2＋4＋1のように，結果が10以下の問題とともに，9＋1＋3のように「10たすいくつ」となる計算が含まれています。これは，次の式のように繰り上がりのあるたし算の9＋4を解決するときに加数分解したときの式です。

$$9 + 4 = 9 + (1 + 3) = (9 + 1) + 3 = 10 + 3 = 13$$

第2時の減少・減少の問題の練習問題では，9－3－4のように，10以下の数から2度ひく問題とともに，12－2－1のように「10ひくいくつ」となる計算が含まれています。これは12－3などの繰り下がりのあるひきざんで取り扱う減減法で減数分解した式です。

$$12 - 3 = 12 - 2 - 1 = (12 - 2) - 1 = 10 - 1 = 9$$

第3時の減少・増加の問題の練習問題では，10－9＋3のように，減加法の計算につながる問題があります。

$$13 - 9 = (10 + 3) - 9 = (10 - 9) + 3 = 4$$

第4時の増加・減少の練習問題では，繰り下がりのあるひき算にならないよう数値の配慮が必要です。

$$a + b - c \text{において，} 10 \geqq a + b > c \ \text{または} \ a + b - c \geqq 10$$

これらの問題の意図を理解して，適切に取り扱うように教材研究をしましょう。

(2)「主体的・対話的で深い学び」につながる教科書の工夫

主体的な学びの視点では，ブロックなどで場面を具体的に操作し，増加や減少の場面を明確にすることで，解決に向かうことができるという見通しをもって取り組むことです。お話の場面数は多いけれど1場面ずつ確実に理

解していくことに重点を置きましょう。教科書によっては 4 $\square$<ruby>口<rt>くち</rt></ruby> の数の計算を扱っていますので，そのときにも一つずつ左から計算していけばいいと考えることができるよう指導しなければなりません。

　対話的な学びの視点では，式の表現とブロックの操作がつながるように説明できているかがポイントです。そのために，ブロックを操作しながら話すことです。操作後の図を示して説明しても，説明する子どもも聞く子どももはっきりしないまま説明が終わってしまいます。ブロックをはじめに戻して，もう一度場面に従って動かしながら説明をするとよく伝わります。そのとき，教師は式の数値や演算記号が場面にあっているかを補足しながら説明を支援するようにしましょう。

　深い学びの視点では，3 $\square$ の数の計算に拡張されることについて，問題場面がつながっているから，式もつなげるべきだと判断することがあります。式はお話のとおりにかくことを，繰り上がりのないたし算のときに約束しておき，本単元でそれの認識を確実なものにします。たとえば，増加・増加の時間では，2 場面の挿絵と 3 場面の挿絵が入れ替わると，式も変わることを例に挙げてみんなで考える場をもつなど，的確に式に表現するよさを感じ取らせることです。

（3）単元づくりのポイント

　3 $\square$ の数の計算には，増加・増加，減少・減少，増加・減少，減少・増加の場面がありますが，児童が考えやすい増加・増加を第 1 時で学習し，第 2 時は減少・減少，第 3 時は，減少・増加，第 4 時は，増加・減少を扱います。

　どの計算も左から順に計算すればよいのですが，加法・減法が混ざった計算のときには，子どもによると 7 − 2 ＋ 1 の計算を見たときに，簡単に計算できる 2 ＋ 1 が先に目に入り，2 ＋ 1 を先に計算して 7 からひいてしまうこともあります。ですから，お話の順に式をかき計算していくことが定着した第 3 時に加減の混合した計算を扱うこととします。

　どの時間もお話場面にあわせてブロックを操作していきます。第 3 時では，

ブロック操作で最後にいくつになったかを示すことはできますが，操作の動きそのものを板書に残すことは難しくなります。ここでは無理に操作方法を表すよりは，式のかき方をていねいに指導したり，念頭での計算を確実に指導したりするほうがよいでしょう。

　式のかき方においては，5＋3＋2の計算を次のようにかく子どももいます。

　5＋3＝8＋2＝10

　計算の順にかいたものですが，＝の両側は等しいことやお話のとおりにかかれていないことを説明したうえで，式表現の約束として指導を行わなければなりません。

式は，具体的な場面の数量の関係を簡潔に表したり答えを求める過程を表現したりする算数固有の表現です。

（4）単元目標と単元計画（全4時間）

　3つの数の計算について，増えたり減ったりする場面を1つの式に表して計算することができるようにするとともに，式に表すよさを感じながら学ぶ態度を養う。

知識・技能	3つの数をたしたり，ひいたりする計算の意味を知り，1つの式に表して計算することができる。
思考・判断・表現	3つの数をたしたり，ひいたりする計算を1つの式に表して考えることができる。
主体的に学習に取り組む態度	3つの数をたしたり，ひいたりする計算を1つの式に表すことのよさを知り，進んで用いようとする。

・増加・増加の場面の計算（1時間）
・減少・減少の場面の計算（1時間）
・減少・増加の場面の計算（1時間）
・増加・減少の場面の計算（1時間）

「3つの かずの けいさん」の授業はこう変わる！

（1）本時のポイント　加減が混ざった3つの数の計算（3／4時間）

　本時は，加法と減法が混ざった場面を扱います。子どもは「減って増える問題」として認識します。ただ，どのように取り組んだらいいか，または今までに学習したことが通用するかどうかに不安を抱く子どもも多いことでしょう。そこで安心して活動できるように，前時までと同様にお話の挿絵を使って導入し，ブロックを操作することで，前時までと変わらずに立式や計算ができることを理解させます。

　本時では，減少・増加の場面，5－3＋4を扱います。子どもの中には，たしざんのほうがひきざんよりも簡単に感じる子が多いため，簡単なところから計算しようとする場合が予想されます。つまり3＋4を5からひこうとするのです。このように困っている子どもについては，教師がこのつまずきを例に挙げて，計算できないことやお話と違う場面になっていることを説明しなければなりません。

　3時間目になりますから，学級の実態に応じて発展的な取り扱いも可能でしょう。たとえば，2枚目の「3びきおりました」と3枚目の「4ひきのります」の挿絵を入れ替えて式を立てると，2項目と3項目が入れ替わるだけでなく演算記号も数値とともに動いていることに気づかせる場面を設定することができます。ほかにも，4枚目の挿絵を追加で示してお話の続きとし

5－3＋4の3枚の挿絵

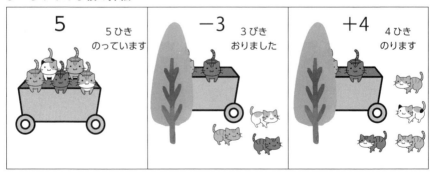

て，4□の数の計算にすることも可能です。その際には，繰り上がりや繰り下がりにならないよう数値に配慮して出題しましょう。また，式からお話をつくる学習活動も，子どもの関心を高めることになります。

（2）学習指導案例

【本時の目標】

3□の数の計算（減少・増加）の場面を理解して式に表し，計算することができる。

【本時案（3時間目／4）】

時間	学習活動	指導上の留意点
5 （分）	1　問題を把握する。 ・5ひきのっています ・3びきおりました ・4ひきのります なんびきになりましたか。	○3つの場面があることを知らせる。 ○お話に合わせてブロックを操作したらよいことを確認する。 ○ひきざんとたしざんがあることに気づかせる。 ○1つの式に表す意欲を高める。
	1つの式に表して，計算しよう	
15	2　ブロックを動かしながら式を立てよう。	○教師の言葉に合わせてブロック操作をさせる。 ○ペアの子どもと交代で操作を確認し合う。 ○式を立てて，再度，ブロックを操作し，場面とブロック操作と式が関連していることに気づかせる。 ○ブロックを3とって4を加えるときに，降りた動物が乗ってきたと思う児童がいるが，降りた動物でも別の動物でも数に変わりはないこととして，あまり深入りしない。
15	3　計算の仕方を考えよう。	○計算の結果を確認する。 ○前時までと同様に，お話の順に，左から計算していけばよいことを全員で確認する。 ○2場面と3場面を入れ替えて立式すると，結果は同じだが，計算順序が変わっていることに気づかせる。
10	4　いろいろな問題をとく。	○10−9＋3や10−3＋2のように減加法の計算につながる練習問題を扱う。 ○発展問題として，挿絵を1枚追加し，4□の数の計算に取り組ませる。

【評価の視点】

数量の変化に着目して，減少して増加する場面を1つの式に表すことができている。（思考・判断・表現）

3 くりあがりの ある たしざん ［A 数と計算］

① 新教科書はここが変わった！

（1）学習内容のポイント

　繰り上がりのないたし算は 1 学期に学習していますが，たった数ヵ月後に学習する繰り上がりのあるたし算は，1 年生にとって難易度が高く，次のことに留意して，つまずきを想定して指導することが大切です。

①　10 の補数を理解し，10 を合成的にとらえること

　被加数をブロックで置いたときに，「あと○あれば 10 になる」と思考することです。今まで 10 の合成を学習してきましたが，「10 にするにはあといくつですか」という受動的な処理であったものを，問題を解決するために自分で判断して 10 をつくるという意識にしなければなりません。

②　10 の補数をつくるために，数を分解すること

　10 の補数がわかると，その数をつくるために加数を分解します。自分の必要に応じて数を分解することです。

③　10 といくつで「十いくつ」ととらえること

　具体的操作や念頭操作によって 10 といくつの形にしましたが，「十いくつ」ととらえるときに，加数分解によっていくつ残っているかを判断することに困難さを感じる子どもも多数います。

$$9 + 4 = 9 + (1 + ?) = 10 + ?$$

④　計算の段階を理解して論理的に進めていくこと

　「10 といくつにするために」,「10 にするために」といった目的意識をもって，先の①から③の 3 段階を自分で進めていかなければなりません。

　さらに，友達と意見を出し合って計算方法を作り出し，それを使って説明し合うことも大変重要な学習といえます。

(2)「主体的・対話的で深い学び」につながる教科書の工夫

　主体的な学びの視点では，結果や方法の見通しを立てて解決に向かうようにすることです。教科書の展開を使って，「答えは 10 よりも大きくなる」ということを確認して，「10 のまとまりをつくる」という方法を目的化し，最終的に「10 といくつ」にするという過程を自分で進め，それを振り返るという一連の過程を確実にしていきましょう。

　対話的な学びの視点では，計算の仕方を友達に説明する場面を充実させることです。教科書では吹き出しを効果的に取り入れています。しかし，すぐに読み上げてしまうのではなく，子どもが活動のなかで話しているよく似た言葉を取り上げて，「教科書の○○さんが言っているように，～と言いたいんだね」と結びつけていきましょう。

　深い学びの視点では，十進位取り記数法を意識させることがあげられます。1 時間の授業のなかで「10 のまとまりをつくるために」ということばが何度もでてきて，教科書や板書には 10 のまとまりの図が思考の中心になっています。これから学習していくアルゴリズムの基礎として 10 のまとまりを意識した思考の進め方を大切にしましょう。

(3) 単元づくりのポイント

①　数値には細心の注意をはらおう

　レディネスや練習の時間を含めて単元はおよそ 10 時間で構成されます。そのなかで中心となるのは導入の時間，計算方法の説明の時間，被加数分解の時間です。それぞれの時間にどのような数値の問題で取り組むかについてはかなりの教材研究を要します。1 位数＋ 1 位数＞ 10 となる式は 36 通り

教科書各社の主要な問題の数値

（合：合併の問題場面，増：増加の問題場面，数：数値のみ）

	導入問題	計算方法の説明	被加数分解
A社	9 + 4（合） ことみさんはどんぐりを9こ，けいとさんは4こひろいました。あわせてなんこひろいましたか。	8 + 3（数） ① 8はあと2で10。 ② 3を2と1にわける。 ③ 8に2をたして10。 ④ 10と1で11。	3 + 8 （合）
B社	8 + 3（増） くるまが8だいとまっています。3だいくるとなんだいになりますか。	7 + 4（数） 7はあと3で10だから ① 4を3と1にわける。 ② 7に3をたして10。 ③ 10と1で11。	4 + 8（合）
C社	9 + 4（増） バスに9人のっています。あと4人のると，ぜんぶでなん人になりますか。	8 + 3（数） ① 10をつくるには，8はあと2。 ② 3を2と1にわける。 ③ 8と2で10。 ④ 10と1で11。	3 + 9 （合）
D社	9 + 4（増） みなとさんはまつぼっくりを9こみつけました。4こもらいました。ぜんぶでなんこになったでしょうか。	9 + 4（数） ① 9はあと1で10。 ② 4を1と3にわける。 ③ 9と1で10。 ④ 10と3で13。	7 + 9 （数）
E社	9 + 4（増） 9人あそんでいました。4にんきました。みんなでなんにんになりましたか。	8 + 3（増） ① 8はあと2で10。 ② 3のなかの2を8にたして10。 ③ 10と1で11。	3 + 8 （合）
F社	9 + 4（合） いちょうのはっぱをりんさんは9まい，つばささんは4まいひろいました。あわせてなんまいひろいましたか。	8 + 3（数） ① 8はあと2で10。 ② 10のまとまりをつくるために3を2と1にわける。 ③ 8に2をたして10。 ④ 10と1で11。	3 + 9 （合）

　ありますが，上の表のように導入はほとんどの教科書が9 + 4です。これは45ページの図のとおり，あと一つあれば10のまとまりになるという意識を引き出すためです。被加数を10に近くすると10が見えやすくなるとともに動かせるブロックの個数を少なくすることができます。

　加数については，2の場合は分解すると1と1になり，説明の際にどちらの1かわからなくなるため適切とはいえません。同様に被加数を8にし

図

た場合，4を分解すると2と2になります。ですから，被加数と加数の組み合わせとしては，導入で9＋4と次時で8＋3を扱うことになります。

　半具体物であるブロックの特徴も数値に大きく影響しています。B社以外は10のまとまりをつくるときにブロックを1列に並べますが，B社は横5個の2段に並べます。そのため，空いている部分である「あと2」が見えやすいことから被加数を8とした問題から導入が可能です。

　加数の1を動かせるか2を動かせるかも大きな違いがあります。2を動かすときに，1個ずつ動かすような数えたしをしている可能性も考えられます。2個を一度に動かす場合は，集合数の2を操作していることになります。このような子どものブロック操作にも細心の注意を払い，全体の場で取り上げましょう。

> 扱う数値については，子どもが操作や説明で混乱しないよう，練習問題も含めて単元の各時間で数値を計画的に取り扱いましょう。

②　加数分解を中心に単元展開し，被加数分解にも触れる

　どの教科書も導入から加数分解で計算技能を定着させています。児童に一定の計算技能として定着させるには，基本となる1つの方法で習熟させるのが有効です。そのあと，どちらからでもブロックを動かせる合併の問題場面で被加数分解を扱っています。被加数分解は，方法の一つとして扱われ，定着まではねらっていません。ですから，「どちらの方法でもできるね」，「どちらの方法も10のまとまりと〇だね」と確認することにとどまり，被加数と加数のうち小さいほうを分解することを約束するものではありません。

　C社は，加数分解，被加数分解と五二進法を取り上げています。五二進法というのは，加数，被加数とも5といくつに分解して，その5同士で10

をつくるという方法です。これも一つの方法として扱う程度です。

$$8 + 6 = (5 + 3) + (5 + 1) = (5 + 5) + (3 + 1) = 10 + 4$$

(4) 単元目標と単元計画（全9時間）

○（1位数）＋（1位数）について，繰り上がりのある場合の計算の仕方を考えることを通して，計算が確実にできるようにするとともに，よさや楽しさを感じながら学ぶ態度を養う。

知識・技能	繰り上がりのある計算の仕方について理解し，(1位数)＋(1位数)の繰り上がりのある計算ができる。
思考・判断・表現	10の補数に着目して，加数を分解してたす考え方ができる。
主体的に学習に取り組む態度	繰り上がりのある計算に興味をもち，「10の補数」という考えのよさに気づき，進んで計算しようとする。

・加数分解による減加法の計算（3時間）
・被加数が5以下の計算（被加数分解にふれる）（1時間）
・計算カード等を使った定着・発展の学習（4時間）
・練習（1時間）

② 「くりあがりの ある たしざん」の授業はこう変わる！

(1) 本時のポイント　繰り上がりのあるたし算（2／9時間）

　第1時では問題場面をブロックで表し，具体的操作によって10といくつとして解決し，操作をするなかで10のまとまりをつくると，10といくつになって数えやすいことに気づかせました。本時はその経験から，8＋3の計算の仕方を考えます。10といくつにすればよいという見通しをもって，論理的に具体的操作を進めながら，言葉や図に表し，その計算の仕方をまとめ，定着させることを目的とします。操作に目的意識をもたせ，次の操作を自ら判断することなどが，算数科におけるこれから求められる資質・能力として重要なことです。

子どもが思考を進めていくには友達との協働が効果的です。そのためには，集団で話し合うときに言いたいことが伝わるようにしなければなりませんが，1年生では難しい場面もあります。そこで図や操作が重要です。

1年生は自分で操作したものでも，うまく相手に伝えられません。そこで，友達に伝えるときには，操作しながら話すことを基本とします。ブロックなら，操作する前の状態に戻して，動かしながら話していくと子どものペースでわかりやすい説明ができます。その説明の合間に教師が「どうして？」と聞きながら，操作の意図を引き出していきます。一つ一つの操作に価値が込められていますから，タイミングよく具体的操作を価値づけしていくことが教師の仕事です。また，計算方法の定着を図るためには，まとめたものを暗唱することは欠かせません。低学年は意欲をもたせると，繰り返し練習に好んで取り組みます。

> 数学的に考える資質・能力を育成するためには，低学年から考えを進める場面を設定しなければなりません。子どもに内容を教えるだけでなく，子どもが内容を学び取るためにどう判断するかに支援が重要です。

> 授業のなかで計算方法を何度も声に出して言うことや，友達が言っていることを聞くことで身につきます。一人で言う，ペアで交代しながら言う，グループや全体で言うなど，バリエーションを変えながら飽きずに言えるようにしましょう。

（2）学習指導案例

【本時の目標】

（1 位数）+（1 位数）で繰り上がりのあるたし算について，10 の補数を使った計算方法をつくることができる。

【本時案（2 時間目／9）】

時間	学習活動	指導上の留意点
5 (分)	1　前時の学習を生かして 8 + 3 の計算の仕方を考える。	○前時の学習を振り返り，計算への関心を高める。 ○前時のまとめを掲示しておき，想起できるようにしておく。
	8 + 3 の計算の仕方を考えて，説明しましょう	
20	2　ブロックで操作しながら，説明の仕方を考える。 ○自分で操作する。 ○友達に話しながら操作する。	○答えが 10 を超えるときには，10 といくつにするとわかりやすいことを，子どもの発言や教科書の吹き出しで確認する。 ○ブロックを自分で動かさせてみて，友達に話せるよう練習させる。 ○加数分解の図を板書しておく。 ○全体の場で発表させるペアを決めておき，助言する。 8 + 3 2　1
10	3　計算の仕方をまとめる。	○① 8 はあと 2 で 10。 　② 3 を 2 と 1 にわける。 　③ 8 に 2 をたして 10。 　④ 10 と 1 で 11。 ○ 10 のまとまりをつくること，うしろの数をわけること，まとまりと残りは 1 であることを明確にする。
10	4　計算の仕方を暗唱できるよう練習する。	○ 7 + 4 の計算の仕方を暗唱できるようにする。 ○振り返りでは，10 といくつになるように，うしろの数をわけるとよいことに触れる。

【評価の視点】

加数分解によって，繰り上がりのある（1 位数 + 1 位数）のたし算の仕方を考えたり，説明したりすることができている。（思考・判断・表現）

計算の仕方をまとめ(約束)として，いろいろな計算をまとめにあてはめて説明する活動は，これから何度もあります。まとめ（約束）のよさを感じ取らせておきましょう。

（藤井浩史）

実践編

第2学年

1 九九表　　　[A 数と計算]

 新教科書はここが変わった！

(1) 学習内容のポイント

　本単元で扱う内容は，九九表を構成したり観察したりすることを通して，乗法における計算の性質やきまりを理解していくことがねらいです。

　『小学校学習指導要領解説 算数編』（2017 年）では，第 2 学年の「A 数と計算」の領域の「(3) 乗法」の学習内容にあたります。ここには，「乗法九九を構成したり観察したりすることを通して，乗法九九の様々なきまりを見付けるように指導することは，児童が発見する楽しさを味わうことにつながるものである」と記述されています。算数の授業は，教師が問題を提示し，それを子どもが受動的に学んでいく営みではなく，子どもが問題に主体的に関わり，自ら発見・創造していく営みであると考えています。このような授業を通して，子どもが自らきまりを発見する喜びや楽しみを実感できることが大切です。

図1　九九表

					かける数				
		1	2	3	4	5	6	7	8	9
	1	1	2	3	4	5	6	7	8	9
	2	2	4	6	8	10	12	14	16	18
	3	3	6	9	12	15	18	21	24	27
かけられる数	4	4	8	12	16	20	24	28	32	36
	5	5	10	15	20	25	30	35	40	45
	6	6	12	18	24	30	36	42	48	54
	7	7	14	21	28	35	42	49	56	63
	8	8	16	24	32	40	48	56	64	72
	9	9	18	27	36	45	54	63	72	81

(2)「主体的・対話的で深い学び」につながる教科書の工夫

　各教科書が扱っている乗法九九のきまりの共通点を整理すると，図 2 の

ようになっています。教科書で
は，子どもたちがこのきまりを
九九表から発見できるように，
子どもの発話例を示すことで気
づきを促す工夫がされていま

実践編｜第2学年

図2　乗法九九のきまりの共通点

・乗数と積の関係
　（乗数が1増えると，積は被乗数だけ増える）
・交換法則（○×△の積と△×○の積は同じになる）
・分配法則（○の段＋△の段＝□の段，●の段－▲の
　段＝■の段）

す。さらに，子どもたちが多様なきまりに触れることができるように，3つ
のきまり以外にも取り扱っている教科書は多くあります。それらを整理した
ものが以下の表です。

	乗法九九のきまり		
A社	・積の個数　　　・同じ答え		
B社	・同じ積の個数（1つの数を多様な2数の積とみる） ・積の個数　　　・同じ答え		
C社 D社	・数の対称性（対称の位置にある数が等しい） ・5の段の答えの一の位は，0と5が交替で出てくる ・同じ積の個数（1つの数を多様な2数の積とみる）	・積の個数	
E社	・5の段の答えの一の位は，0と5が交替で出てくる ・同じ積の個数（1つの数を多様な2数の積とみる）	・積の個数 ・同じ答え	
F社	・数の対称性（対称の位置にある数が等しい） ・同じ積の個数（1つの数を多様な2数の積とみる）	・積の個数	

　このように，九九表から見いだすことができるきまりを多様に扱うことを
通して，子どもたちに少しでもたくさんのきまりを自ら発見できるようにし，
発見する楽しさを味わえるようにしています。

(3) 単元づくりのポイント

　この単元は，子どもが自らきまりを発見する喜びや楽しさを実感できるこ
とが大切です。しかし，ただ九九表を観察するだけでは，子どもたちにとっ
てきまりを見つける目的意識が生まれず，必要性を感じることができないこ
とも考えられます。そこでまず，教師が子どもたちに注目させたいきまりを

明確にもつことが大切です。そして，次に子どもたちがきまりを見つけたくなるような教師の働きかけを工夫していくことが必要になってきます。そうすることで，子どもたちが九九表に主体的に関わり，必要性を感じながらきまりを理解することができるのではないかと考えました。

(4) 単元目標と単元計画（全6時間）

九九表を構成したり観察したりすることを通して，乗法における計算の性質やきまりを理解するとともに，よさや楽しさを感じながら学ぶ態度を養う。

知識・技能	九九表を使ったさまざまな問題に取り組んだり，自分たちならではの九九表を作ったりすることができる。
思考・判断・表現	九九表を構成したり観察したりする活動を通して，帰納的に計算の性質やきまりを見いだそうとする。
主体的に学習に取り組む態度	乗法に関して成り立つ計算の性質やきまりを使い，自ら九九表を広げようとしている。

・九九表づくりを楽しむ（2時間）
・九九表をさぐる（2時間）
・オリジナル九九表を作る（2時間）

指導をするにあたり「九九表づくりを楽しむ」－「九九表をさぐる」－「オリジナル九九表を作る」という各2時間の三つの活動を設定しました。

一つめの活動「九九表づくりを楽しむ」では，九九表の一部をあてはめて九九表を作ります。その際，九九表とアレイ図を関連づけながら九九表を構成していきます。アレイ図とは，同一のものを縦横に規則正しく並べた図のことです。そして，完成した九九表を観察して気づいたことを交流する時間を設けるようにします。

二つめの活動「九九表をさぐる」では，空欄にあてはまる数や合計をさぐる課題に取り組みます。ここでは，九九表を使って課題に取り組むなかで，帰納的に計算の性質や九九表からきまりを見つけるようにします。

三つめの活動「オリジナル九九表を作る」では，学習してきた計算の性質やきまりなどを活用して，自分ならではの九九表を作ることができるようにしていきます。

②「九九表」の授業はこう変わる！

(1) 授業の具体

　ここでは【第二活動：九九表をさぐる】の2時間目「かくしたところの数の合計はいくつでしょう？」の学習を中心に記述します。

　本時は，この単元に入って4時間目の学習です。九九表から空欄にあてはまる数の合計をさぐる活動を通して，まん中の数のいくつ分という見方で合計を求めることができることが学習の主なねらいです。具体的に授業のイメージがもてるように授業中の対話を想定しながら授業のポイントを紹介します。

図3　本時の問題

> かくしたところの数の合計はいくつでしょう？
>
> 【目標】
> 九九表から空欄にあてはまる数の合計をさぐる活動を通して，まん中の数のいくつ分という見方で合計を求めることができる。

	1	2	3	4	5	6	7
1	1	2	3				7
2	2	4	6	8	10	12	14
3	3	6	9	12	15	18	21
4	4	8	12	16	20	24	28
5	5	10	15	20	25	30	35

(2) 本時の学習課題をつかませる工夫

　ここでは，子どもがきまりを見つけたくなるような学習内容の工夫として，「虫食い九九表をさぐる」内容にしました。具体的には，かくしたマスの数の合計を考えさせることで，数の変わり方だけでなく，真ん中の数の○倍になるという平均の考え方にも触れることができるようにする内容です。図4の対話の想定は，導入の学習課題の把握の場面です。

　このように数の少ないところをかくして数の合計を求めることから始め，対話を通して，学級の子どもたちの様子を探りながら，みんなが今日の学習課題を把握できるようにしていきます。一方的に教師から説明をして学習課題を理解させようとしても，子どもは受け身になりなかなか伝わりません。子どもは，実際に活動しながら，自分事になったときに考えようとし始める

図4　学習課題の把握

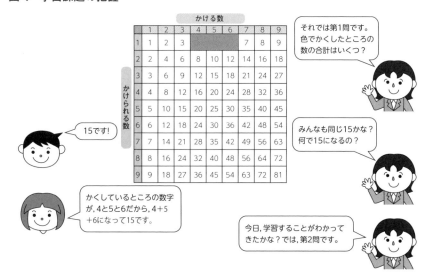

特徴があります。

（3）きまりを見つけたくなるような問題提示の工夫（主体的な学び）

　主体的な学びを促すには，問題提示を工夫することです。九九表をつくり眺めているだけでは，子どもたちの目には「九九の答えを順番に並べた表」としか映りません。九九づくりで学習した「同じ数ずつ増えている」などの気づきにとどまってしまいます。そこで，新たなきまりの見え方に出合わせる課題提示の工夫が大切になってきます。

　図5の対話の想定は，問題提示の工夫の場面です。子どもたちの興味・関心を喚起しながらかくしたマスのまん中の数に着目させることを企図し，教師が次のように問題を提示します。まず，子どもたちに九九表の中に5つの空欄を決めさせます。次に，その5つの数の合計を計算させておきます。もちろん教師はその答えを聞かないし，子どもたちがどこに空欄を設定した

図5　問題提示の工夫

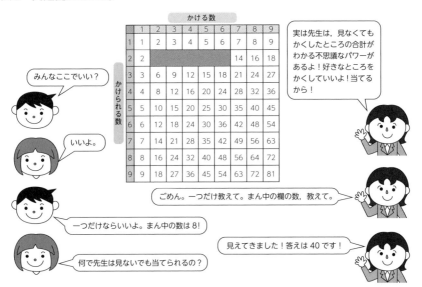

実は先生は，見なくてもかくしたところの合計がわかる不思議なパワーがあるよ！好きなところをかくしていいよ！当てるから！

みんなここでいい？

いいよ。

ごめん。一つだけ教えて。まん中の欄の数，教えて。

一つだけならいいよ。まん中の数は 8！

見えてきました！答えは 40 です！

何で先生は見ないでも当てられるの？

かも知りません。しかし，教師は「まん中の欄の数だけ教えて」とたずねることで，空欄の合計を当ててみせるのです。これにより，自然と子どもたちには，"空欄の場所を知らないのに，なぜまん中の数だけで合計を当てられるのか" という問いが生まれます。そして，その要因は九九表にあるのではないかと考え，きまりをさぐっていこうとする展開になっていきます。

このような問題の提示の工夫は，子どもが自らきまりに着目し，主体的にきまりを見つけようという姿の表出につながっていきます。

> 子どもたちの問いを生み出すためには，「なぜだろう？」という子どもの情意をいかにつくるかが大切です。問題の提示の工夫で不思議に思う状況をつくったり，自分の予想とのズレや自分と他者の考えのズレをつくったりすることで，子どもの中に問いが生まれてきます。

(4) 対話的な学びを促す教師のコーディネート

　対話的な学びを促すためには，結果と過程の発表を一人の子どもにさせるのではなく，ほかの子どもにもさせるようにすることが有効です。また，そのときにまずは，結果から発表させ，次に過程を説明するようにします。そうすることで，過程に議論の焦点があたりやすくなり，対話的な学びが促されます。

　たとえば，図4で示した学習内容の把握場面の対話想定で考えてみます。まず，教師から「色でかくしたところの数の合計はいくつ？」と答え（結果）を聞きます。すると，子どもから「15です！」という答えが返ってきます。

そして，次に教師から「何で15になるの？」と質問し，答えを発表した以外の子どもに15になった理由（過程）を聞くようにします。このようにして，子どもと子どもをつなげ，過程に議論の焦点があたるようにします。

対話を促すためには，まずは結果から発表させ，次に過程を説明するようにします。また，結果と過程を一人の子どもにすべて発表させないようにすることも重要です。

(5) 子どもの見いだした見方・考え方を意味づけ，価値づけすること（深い学び）

　ここでは，深い学びについて考えていきます。図6は，まん中の数に着目してきまりをさぐる場面の対話の想定です。

　空欄にあてはまる数の合計をさぐる，という学習課題の工夫により，子どもたちは数を操作し「○個のいくつ分」という見方に気づかせ，まん中のいくつ分（中心の数字×マスの数）で合計を求めることができるおもしろさを実感できるようにしていきます。図6のような操作は，言葉を換えると「ならす」という5年生の平均の学習につながる考え方です。そこで，学習の最後には，これが「ならす」という操作であること，そして5年生で学習

図6　きまりを探る

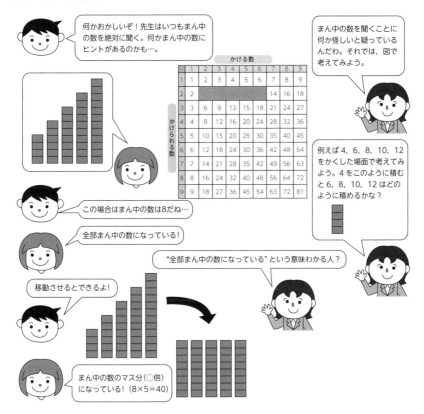

する平均の考え方であることを価値づけていきます。さらに，教師が価値づけるだけではなく，子どもたちが「このやり方いいね」と良さを感じ，自分たちで価値づけていくことも必要であると考えています。

授業で出てきた見方・考え方を，教師が意味づけ，価値づけることで，自分たちで見いだした内容が数学的な意味をもち，価値があることに気づかせ，子ども自身が学ぶ意味や価値を実感できるようにしていきます。

（6）学習指導案例

【本時の目標】

　九九表から空欄にあてはまる数の合計をさぐる活動を通して，まん中の数のいくつ分という見方で合計を求めることができる。

【本時案（4時間目／6）】

時間	学習活動	指導上の留意点
10（分）	1　本時の学習の見通しをもつ。 ○空欄にあてはまる数の合計をさぐる活動をすることを知る。	○課題提示を工夫することで，子どもたちが興味をもてるようにする。
	かくれたところの数の合計はいくつでしょう	
30	2　どのようにして空欄の数の合計を求めたのかを交流する。	○個人で追求する時間をとることで，自分なりの考えがもてるようにする。
	○かくした数を探る。 →乗数と積の関係から →交換法則から →分配法則から	○子どもたちに空欄を決めさせ，教師が合計を答える活動を通して，まん中の数に着目させる。
	○かくした数の合計を探る。 →まん中の数の5つ分 8の5個分から 8 × 5 = 40	○ 4 + 6 + 8 + 10 + 12 を 8 × 5 に変形させることを図でとらえさせることで，まん中の数のいくつ分という見方に気づくことができるようにする。
		○必要に応じて，自分や仲間の意見をペアで説明させることで，自分の理解具合を確かめることができるようにする。
		○「ほかの段の場所では」「空欄を増やしたら」などと発展的に考えさせることで，帰納的にきまりを見つけることができるようにする。
5	3　本時の学習を振り返る。	○本時の学習を振り返らせることで，きまりを見つけることの価値を考えるようにする。

【評価の視点】

　九九表の空欄のまん中の数のいくつ分で合計を求めることができることに気づき，式と図を関連づけながら考えることができている。（思考・判断・表現）

2 三角形と 四角形
[B 図形]

① 新教科書はここが変わった！

（1）学習内容のポイント

　本単元の「三角形と 四角形」では，具体的な操作活動を通して，三角形や四角形などの構成要素に着目し，それらの概念を理解できることがねらいです。言い換えると，「さんかく」「しかく」などの日常の言葉で表している形を観察や構成，分類などの活動を通して，位置や大きさ，向きなどにとらわれず，三角形，四角形と見ることができるようにすることです。

　第1学年で学習する「形」では，図形の理解の基礎となる経験を豊かにすることをねらい，立体から面を写し取るという形で，平面図形を取り出したものの形の特徴をとらえてきました。この段階では，子どもたちの「さんかくなおにぎり」「まるっぽいおにぎり」「しかくいはこ」などという表現からわかるように，概形でとらえています。本格的な平面図形は，第2学年の「三角形と 四角形」の単元から導入されます。ここでは，「三角形」「四角形」という幾何学的な用語にまで概念を高めていくことが重要になってきます。三角形と四角形に仲間分けをする定義は図1のようになっています。

図1　三角形と四角形の定義

【三角形】 3 本の直線でかこまれた形
【四角形】 4 本の直線でかこまれた形

（2）「主体的・対話的で深い学び」につながる教科書の工夫

　各教科書の特徴をとらえるにあたり，"1 時間目に扱っている活動"を中心に見ていくこととします。以下の表は,各教科書の特徴を整理したものです。

	「三角形と四角形」で１時間目に扱っている活動
A 社	「形づくりから，形を作っている図形に着目させる活動」
B 社	「点と点を直線でむすんで，どうぶつをかこむ活動」 点を色分けして，焦点化していく展開
C 社	「点と点を直線でむすんで，どうぶつをかこむ活動」 かこみ方が多様にできるところから始まり，「少ない数の直線でかこんでね」という吹き出しで焦点化していく展開
D 社	「点と点を直線でむすんで，どうぶつをかこむ活動」 動物の活動場所に制限をつけて焦点化し，同じどうぶつでもかこみ方が２種類（三角形，四角形）あるところに注目させる展開
E 社	「点と点を直線でむすんで，どうぶつをかこむ活動」 切りとり線にかからないようにして，焦点化していく展開
F 社	「点と点を直線でむすんで，どうぶつをかこむ活動」 かこみ方が多様にできる展開

　上の表からもわかるように，１時間目に扱っている活動には，"点と点を直線でむすんで，どうぶつをかこむ活動"と"形づくりから，形を作っている図形に着目させる活動"があります。多くの教科書が，前者の"点と点を直線でむすんで，どうぶつをかこむ活動"を扱っています。ここで注目する点は，１時間目に扱っているどうぶつをかこむ活動が同様であっても，教科書ごとにかこみ方が三角形と四角形の図形になるように工夫されていることです。

　たとえば，点を色分けしたり，動物の活動場所に制限を設けたりしています。このようにして，どうぶつをかこむ活動から，三角形と四角形の図形に着目できるような展開になっています。

(3) 単元目標と単元計画（全5時間）

　具体的な操作活動を通して，三角形や四角形などの構成要素に着目し，それらの概念を理解できるとともに，図形にすすんで関わり，生活や学習に活用しようとする態度を養う。

知識・技能	三角形と四角形の図形の約束（定義）や特徴を理解している。また，作図することができる。
思考・判断・表現	図形を構成する辺や頂点の数に着目し，三角形や四角形に弁別することができる。
主体的に学習に取り組む態度	身の回りのものの形を図形としてとらえ，自分から見つけようとしている。

・図形を仲間分けする（2時間）
・三角形と四角形をかく（2時間）
・三角形や四角形を見つける（1時間）

　指導をするにあたり「図形を仲間分けする」－「三角形と四角形をかく」－「三角形や四角形を見つける」という三つの活動を設定しました。

　一つめの活動では，形くじ引きのゲームを通して，図形を仲間分けしていきます。具体的には，いくつかの図形を提示し，子どもにこの図形をくじ引きさせます。選んだ図形の裏には，「あたり」「はずれ」が書かれています。この活動を通して，「あたり」の図形の特徴を子どもたちと一緒に考え，子どもの言葉で定義していきます。そして，定義から図形を弁別できるようにしていきます。

　二つめの活動では，三角形と四角形の作図を行います。点と点を結んで，色々な三角形や四角形をかく活動を通して，三角形と四角形には色々な形があることに気づかせていきます。さらに，「かこまれた形の直線の本数を増やすとどうなるかな」と子どもから問いが出てきたときには，発展的に考えることができるようにしていきます。

　三つめの活動では，身の回りから三角形や四角形を見つけます。見つけた形を交流するときには，「なぜ見つけた形が三角形，四角形だと思ったのか」を問い根拠を発表させることで，学びを確かなものにしていきます。それでは，次の項からは，具体的な授業の展開を紹介します。

②「三角形と 四角形」の授業はこう変わる！

(1) 授業の具体

　ここでは【第一活動：三角形，四角形の定義を理解し弁別する】の1時

間目「あたりは，どのような形でしょう」の学習を中心に記述します。本時は，この単元に入って1時間目の学習です。図形の仲間分けの活動を通して，三角形の定義を理解し三角形の弁別ができることが学習の主なねらいです。

　一般に図形の概念指導の授業は，図形をつくる活動から始まります。まず，考察の対象を子どもに作らせます。そして，次に作ったものを，分類整理していきます。最後に分類したものの集合の特徴を明らかにしてから，同じ集合に属する図形に名前をつけていきます。このような授業展開があります。

　しかしこれでは，子どもにとって何のために仲間分けをするのかという目的がもちにくいです。さらに，仲間分けの観点が多様になり，この授業で定義したい集合ができない可能性がでてきます。また，たとえば教師が三角形を提示して三角形とは何かを説明し，後は適用問題を繰り返していく授業展開もあるかもしれませんが，このような指導法では子どもには表面的な知識しか身につきません。以上のことから子どもが夢中になって活動に取り組み，三角形や四角形とは何かを考えるような導入のあり方や授業構成のあり方を紹介します。

(2) ゲーム性を取り入れることで子どもの見方を引き出す（主体的な学び）

　授業の導入で「形くじ引き」というゲームを設定します。このようなゲーム性をもたせる方法を用いることで，一般的な授業よりも子どもが考察の対象を分類整理しようとする目的がもちやすくなります。また，学習内容に合

図2　提示する図形

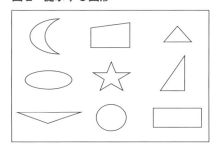

図3　三角形の仮定義

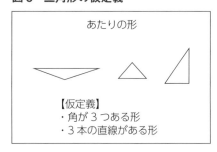

うように，一定の条件で「あたり」「はずれ」を設定できるので，分類の基準を学習内容に沿って明確なものにすることができます。

　具体的には，考察の対象となる図形（図2）を教師が提示します。その中から「くじ引き」として子どもが一つずつ選びます。教師はその都度「あたり」か「はずれ」かを知らせます。子どもは，「あたり」になったものを観察し，自発的に「あたり」になりそうなものを選びはじめるのではないかと考えられます。

　そして，「あたり」になるものを考えて選んでいる子どもに選ぶ理由を聞き，「あたり」に共通する特徴を，子どもの言葉で言語化させていきます。このようにして，図3のように，子どもの言葉から三角形の仮の定義を設定していきます。

（3）比較する場を設定することで，対話を生み出す（対話的な学び）

　次に，仮に定義した「あたり」の集合に図4のような似て非なる形（「はずれ」になるもの）を新たに提示します。そして，子どもたちに「あたり」か「はずれ」かを考えさせる場を設定します。まずは，子どもたちの「あたり」か「はずれ」かどちらの立場であるかを確認します。その後，なぜそのように考えたのかの理由を聞いていきます。

　このときに，子どもたちの立場を明確にし，考えのズレをつくることで子どもたちの "説明したい" や "聞きたい" という情意を表出させていきます。このように，

図4　似て非なる形

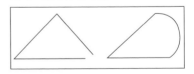

似て非なる形を提示し，比較する場を設定することで，子どもたちの考えにズレを作り，"説明したい" や "聞きたい" という情意を生んでいきます。

似て非なる形について考える活動を通して，仮の定義では"かこまれた"という言葉がなく「あたり」の集合の定義として不十分であることを確認し，集合の再定義をする状況を生み出していきます。

（4）類似的な形を分類することで学びを深める（深い学び）

一つの概念を理解していくためには，類似的な形と比較する場を設定していくことが有効です。違う形と出合うことで，より特徴が明確化していきます。

具体的には，図5のような図形を最後に提示し，子どもたちにどの形が三角形であるかを考えさせます。このような場をつくることで，子どもたちは，類似的な形を分類していく活動中に，「なぜこのように分類したのか」と定義の根拠に戻りながら思考していきます。このようにして，定義によって弁別できるようにし，子どもたちの学びを深めていきます。

図5　類似的な形

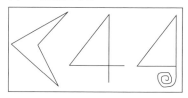

類似的な形を分類する活動を通して，定義の根拠に戻りながら弁別できるようにし，学びを深めることができるようにしていきます。

（5）学習指導案例

【本時の目標】

図形の仲間分けの活動を通して，三角形の定義を理解し三角形の弁別ができる。

【本時案（1時間目／5）】

時間	学習活動	指導上の留意点
5 (分)	1　本時の学習の見通しをもつ。 ○形くじ引きのルールを確認する。	○色々な形を黒板に提示し活動を予想させることで，本時の活動に興味をもたせる。
	「あたり」は，どのような形でしょう	
15	2　形くじ引きをする。 〔あたり〕	○くじ引きをしていくなかで，「あたり」の形の観察をして帰納的に特徴を見いだして「あたり」の形を引こうとしている状況を見て，どうしてその形を選ぶのか理由を問うことで，「あたり」の形に焦点化していく。 ○「あたり」の形の名前（三角形）を伝え，「あたり」の形の特徴を言語化することで，子どもの言葉から仮定義を形成する。
10	3　新たな形が「あたり」か「はずれ」か考える。 『三角形→「3本の直線でかこまれた形」』	○似て非なる形を新たに提示し，「あたり」か「はずれ」かを考えさせることで，仮定義では「あたり」の定義として不十分であることに気づかせ，再定義をする状況を生み出す。
10	4　適用問題に取り組む。	○適用問題を提示することで，定義を使って形を判断する状況をつくる。
5	5　本時の学習を振り返る。	○学習の定着や子どもの理解状況を探る。

【評価の視点】

「あたり」の形の特徴について言語化することができ，三角形の定義によって三角形の弁別ができている。（知識・技能）

3 長さ [C 測定]

① 新教科書はここが変わった！

(1) 学習内容のポイント

　本単元の「長さ」は，長さの普遍単位（cm，mm）について理解し，ものさしを用いて測定したり，直線をかいたりできることがねらいです。ここで学習する内容は，第3学年の長さや重さについての学習の素地になるものです。

　実際に具体物の大きさを比べる活動を通して，長さの意味を明らかにしていくことが大切です。言い換えると図1のように直接比較，間接比較，任意単位による比較，普遍単位による比較の経験をさせることを通して，長さの概念を確かなものにしていくことが重要です。

　まずはじめに「どちらが長いかな？」と問いかけ，直接比較や間接比較をすることを通して，次第に長さの意味が明確になっていきます。そして，次に「どれだけ長いかな？」と問いかけ数値化することにより，長さの違いを明確に数値で表して比べることができるようになっていきます。ここで大切な点は，比較が困難な状況から普遍単位の必要性を感じて，mm，cm，mに出合わせることです。このようにして，「共通の単位があると，だれにも的確にわかる」「便利だな」というよさを，子どもが実感できるようにしていきます。

図1　比較方法

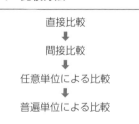

（2）「主体的・対話的で深い学び」につながる教科書の工夫

　各教科書の特徴をとらえるにあたり，"1時間目に扱っている課題"を中心に見ていくこととします。以下の表は，各教科書の特徴を整理したものです。

	「長さ」で1時間目に扱っている課題
A社	「えんぴつの長さを比べる」 えんぴつの長さを色々なものを使ってあらわす任意単位から普遍単位へ
B社	「つった魚の大きさを比べる」 電話をする状況を設定して，同じ種類の任意単位で伝えるが，任意単位の個数と大きさのズレが生まれるところから普遍単位へ
C社	「じゃんけんレース（テープが長かった人が勝ち）」 じゃんけんの出した種類によって，もらえるテープの長さが異なる。異なるテープの任意単位から普遍単位へ
D社	「しおりづくり」 しおりの長さを色々なものを使ってあらわす任意単位から普遍単位へ
E社	「しおりづくり」 電話をする状況を設定して，同じ種類の任意単位で大きさを確認するが実物の大きさに差が生まれるところから普遍単位へ
F社	「ウミガメが移動した長さを比べる」 ウミガメが移動した長さを色々なものを使ってあらわす任意単位から普遍単位へ

　上の表からもわかるように，1時間目に扱っている課題は，各教科書によって違いがあります。ここで注目する点は，1時間目に扱っている課題に違いがありますが，共通しているところは任意単位の比較を通して数値化できるところに気づかせた後に，普遍単位に子どもたちが出合えるようにしているところです。

　各教科書の課題の違いは，いかに子どもたちに任意単位の比較が困難な状況から普遍単位の必要性を感じることができるかをそれぞれ工夫している点ではないでしょうか。たとえば，電話をしている場面からそれぞれの任意単位の大きさが違うことで，大きさが正確に伝わらない状況を提示したり，挿絵で消しゴム3個分にしたのに長さが違っている場面を見せ，どうしてそうなったのかを考えさせたりしています。

実践編

第2学年

67

（3）単元目標と単元計画（全5時間）

　長さの比べ方や普遍単位の必要性を理解し，ものさしを用いて測定したり，単位を適切に用いて表現したりできるようにするとともに，量感を身につけて生活や学習に活用しようとする態度を養う。

知識・技能	ものさしのしくみや使い方，長さの単位（㎜，cm，m）の相互の関係がわかる。また，長さの単位を用いて表すことや，ものさしを使って長さを測定したり，直線をかいたりすることができる。
思考・判断・表現	長さを比べるときに，比較方法を考えることができる。また，適切な単位を選択して測定し，大きさを表現したり，大きさを比べたりできる。
主体的に学習に取り組む態度	身の回りのものの長さを自分から測って，調べようとしている。

・長さの比べ方を考える（1時間）
・長さを知る（3時間）
・長さを使う（1時間）

　指導をするにあたり「長さの比べ方を考える」－「長さを知る」－「長さを使う」という三つの活動を設定しました。

　一つめの活動では，「だるまさんがころんだ」の遊び場面で，鬼までの距離（長さ）を考えていきます。具体的には，鬼からの長さが違う子どもたちの状況を見せます。このときに，見た目ではすぐに長さの判断ができないようにしておきます。このようにして，長さを比べる活動を設定し，直接比較，間接比較，任意単位による比較，普遍単位による比較の経験をさせることを通して，長さの概念を確かなものにしていきます。

　二つめの活動では，長さの単位を知り，実際にものさしを使って長さを測ったり，直線をかいたりしていきます。実際に測るときには，まずどれくらいの大きさか見当をつけさせてから，測るようにすることで長さの量感を育むようにします。また，道の長さを比べる活動を設定し，長さは足したり，引いたりすることができることにも気づかせていきます。

　三つめの活動では，身の回りのものの長さを調べます。実際にものを測る前には，二つめの活動と同様に，測るものの長さを予想させてから実測するようにします。また，30cmものさしで測定できる範囲の長さを中心に扱

いますが，それ以上の長さを調べる活動に発展したときには，ものさしをつないで考えるたし算の考えをいかしながら，学習を進めていきます。

② 「長さ」の授業はこう変わる！

(1) 授業の具体

　ここでは【第一活動：長さの比べ方を考える】の1時間目「だるまさんがころんだ」の学習を中心に記述します。本時は，この単元に入って1時間目の学習です。長さを比較する活動を通して，長さの表し方について考え，普遍単位の必要性に気づくことができることが学習の主なねらいです。

　ここでの指導は，前述のように，直接比較，間接比較，任意単位による比較，普遍単位による比較の経験をさせることを通して，長さの概念を確かなものにしていくことが重要です。この点を大切にしながら，いかに子どもたちの中に長さを比べたいという思いを生み，主体的な学習にしていくかがポイントとなります。

　以上から子どもたちの長さを比べたいという思いを大切にし，長さを比較する活動を通して，普遍単位の必要性に気づいていく授業展開を紹介します。

(2) 課題提示の工夫で長さを比べる見方を引き出す（主体的な学び）

　授業の導入で「だるまさんがころんだ」の場面を設定します。具体的には，まず，図2のような画像を見せ，場面の状況を把握させます。次に，図3

図2　だるまさんがころんだ［前］

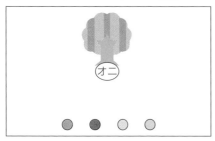

図3　だるまさんがころんだ［後］

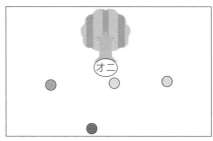

のような，鬼が「だるまさんがころんだ！」と言った後の場面の状況を見せます。ここで，子どもたちの声を待ちます。そうすることで，子どもたちからは「〜は，鬼に遠い」「〜もうすぐ，鬼にタッチできるよ」などの声が生まれてくることが予想できます。

　ここで，教師から「みんなは，"遠い"や"もうすぐ"はどこを見て言っているの？」と問い返し，長さに焦点化していきます。さらに，見た目ではすぐに長さの判断ができないものも入れておきます。このような状況をつくることにより，子どもの中に「あれはどっちが近いの？」と疑問がわき，実際に長さを調べてみたいという思いが生まれてきます。このようにして，子どもたちは何か長さを比べるよい方法はないかと主体的に学習は展開していきます。

> 課題提示を工夫して，子どもの声を待ち，子どもの長さを比べる考え方を拾うことで，教師の課題から子どもの課題になっていきます。

（3）長さを調べるアイデアを出し，実際に試してみる（対話的な学び）

　子どもたちが，何か長さを比べるよい方法はないかと思考し始めたところで，一人での思考の時間を設定し，長さを調べるアイデアを考えさせます。その後，どのようなアイデアを思いついたかをみんなで交流します。おそらく，直接比較や間接比較など多様な考え方が想定できます。ここでとくに取り上げたい考え方は，任意単位による比較の仕方です。

　たとえば，黒板にある丸磁石を単位として考えた子どもがあらわれたとします。それを使って，見た目ではすぐに長さの判断ができないものの長さを測ってみます。図4のように丸磁石の何個分かで数値化して

図4　任意単位による比較

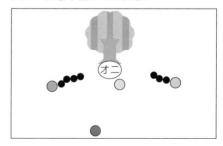

長さを比べようとするでしょう。しかし，磁石の個数が足りません。工夫して磁石を写し取りますが，鬼と逃げている子どもをつなぐ直線がなく，なかなかまっすぐに並べることが困難な状況で正確に測れません。このような任意単位の限界に出合わせた後で，普遍単位に出合わせることで，子どもから「共通の単位にすると，だれにも的確にわかる」「便利だな」という良さを実感できるようにしていきます。

子どもの長さを比べるアイデアを生かしながら，任意単位の困難さを感じさせることで，普遍単位の必要性に気づけるようにしていきます。

（4）学び方を価値づける（深い学び）

　最後に，本時の学習を振り返ります。授業で子どもたちは，学習内容と同時に学習のあり方も学んでいます。つまり，どのようにして学習したか，どのような状況のもとで学習したかについても学習しています。今日の学習で子どもたちは，長さの単位を先人が創ったのと同じように，長さを比べるにはどうしたらいいかとみんなでアイデアを出し合いながら，算数を創っています。つまり，先人が算数を創った過程と同じ過程を子どもたちは追体験したことになります。この子どもたちが，自分たちの手で長さの単位を創る学び方を価値づけていきます。

　このようにして，算数はみんなでアイデアを出し合いながら創っていくものであることを実感できるようにしていきます。そうすることで，子どもの学びに向かう姿勢も変わるのではないでしょうか。

子どもたちは，学習内容と同時に学習のあり方も学んでいます。子どもたちの学び方を価値づけてあげることで，算数授業に向かう姿勢も変わってきます。

（5）学習指導案例

【本時の目標】

　長さを比較する活動を通して，長さの表し方について考え，普遍単位の必要性に気づくことができる。

【本時案（1時間目／5）】

時間	学習活動	指導上の留意点
10 （分）	1　本時の学習の見通しをもつ。	○「だるまさんがころんだ」の画像を見せることで，本時の活動に興味をもたせる。
	どちらが近いかな？	
30	2　鬼までの長さを考える。 【長さの比べ方】 ○直接比較 ○間接比較 ○任意単位による比較 ○普遍単位による比較	○「だるまさんがころんだ」をした後の場面を見せることで，子どもと鬼の位置に着目できるようにする。 ○「遠い」「近い」など，長さに着目している子どもの声を拾い，長さに焦点化できるようにする。 ○長さが見た目では，わかりにくい位置の子どもと鬼の長さを提示することで，実際に長さを調べる必要性を生み出す。 ○長さを比べる方法を考える時間を設定し，子どものアイデアを引き出す。 ○多様な長さの比較の考え方を受容しながら，任意単位の比べ方に焦点化していく。 ○任意単位の比べ方の困難さの状況で，普遍単位に出合わせることで普遍単位のよさに気づくことができるようにする。
5	3　本時の学習を振り返る。	○子どもの学び方を価値づけたり，学習の定着や子どもの理解状況を探ったりする。

【評価の視点】

　長さを比べる方法を自分なりに考えたり，普遍単位のよさに気づいたりすることができている。（思考・判断・表現）

（指熊　衛）

実践編

第3学年

1 分数 ［A 数と計算］

 新教科書はここが変わった！

(1) 学習内容のポイント

　分数に関しては第 2 学年で，$\frac{1}{2}$ や $\frac{1}{3}$ など簡単な分数について，具体物を実際に分割する操作をしながら学習してきています。第 3 学年ではその学習を基盤として，「分数の意味と表し方」「単位分数のいくつ分」「簡単な場合の分数の加法・減法」について学んでいきます。

　分数の意味については，その観点の置き方によってさまざまなとらえ方ができます。$\frac{2}{3}$ を例にして分類すると次のようになります。(『小学校学習指導要領解説 算数編』〔2017 年〕より)

①　具体物を 3 等分したものの二つ分の大きさ

②　$\frac{2}{3}$ L，$\frac{2}{3}$ mのように，測定したときの量の大きさ

③　1 を 3 等分したもの（単位分数である $\frac{1}{3}$）の二つ分の大きさ

④　AはBの $\frac{2}{3}$ というように，Bを 1 としたときのAの大きさの割合

⑤　整数の除法「2 ÷ 3」の結果（商）

　第 3 学年では，上記の①②③などの考え方を用いて学習が進められ，④⑤については第 5 学年で取り扱われます。

　また，分数と小数の違いについて，小数は必ず $\frac{1}{10}$ のいくつ分として表さなければなりませんが，分数の場合は $\frac{1}{3}$，$\frac{1}{4}$，$\frac{1}{5}$ など，単位として都合のよい大きさを選び，その単位分数のいくつ分として表すことができるという良さがあります。そのような良さを感じさせるのもこの単元の大切な指導内容となります。

　さらに，簡単な場合の分数の加法・減法についても学習します。ここでい

う「簡単な場合」とは，真分数どうしの加法および減法のなかでも和が 1
までの加法と，その逆の減法のことです。このような計算について，大小比
較や図に表すことを通して単位分数の個数に着目することで，整数と同じよ
うに分数も計算することができることに気づかせていきます。

(2)「主体的・対話的で深い学び」につながる教科書の工夫

　上記のような学習内容を獲得させていくにあたって，新教科書ではどのよ
うな工夫がされているのかを見ていきます。

　まず，導入については，各社でさまざまな場面（黒板の長さを測る，お楽
しみ会の飾りをつくる，両手を伸ばした長さを測るなど）が設定されており，「数
学を使う活動」が意識されています。また，「AさんとBさんがテープを4
等分にしたら違う長さになってしまった」「黒板のたての長さを測ろうとし
たら1mと少し余ってしまった」など子どもの困り感が自然と出るような
場面が設定されており，その困り感をもとに自ら問題を見いだし，解決して
いくような数学的活動が仕組まれています。一方で，導入で扱われる教具は
6社ともテープです。これは，実際に操作がしやすいことや，量としての分
数が数直線のイメージとつながりやすいからだと考えられます。

同じ $\frac{1}{4}$ でも，ちがう
長さになったよ。

　上述したように，分数は，単位分数のいくつ分として表すことができると
ころに良さがあり，計算にもその考え方が活かされます。そのため，「1つ
分の大きさ」「いくつ分」「何等分」「もとの大きさ」といった言葉がキーワー
ドになりますし，本単元で中心となる見方・考え方になります。教科書によっ
ては，これらのキーワードが子どもの吹き出しや，ポイントとして頻繁に明
示されているものもあります。また，授業内でも子どもたちが「もとの大き

さを何等分したうちのいくつ分」ということを自覚的に使いこなすことができるようにするために，図や操作と対応させているものも多く見られます。分数の加法・減法の導入前や導入時にこのような見方・考え方を自覚させておくことは，主体的な学びにつながる大切なことです。$\frac{3}{5} + \frac{1}{5}$ を例にすると，次のように表現の違いを比較させ，単位分数やそのいくつ分ということを意識させることを教科書では工夫されています。

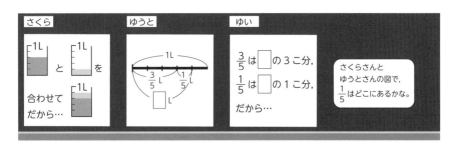

さらに，「もとの大きさ」に着目させるために，次のような問題を設定することで認識のずれを顕在化し，対話を促し深い学びへと誘う工夫がされています。

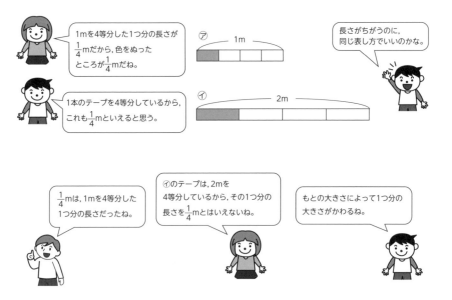

（3）単元づくりのポイント

本単元における単元構成は大まかには次のようになります。

分数の定義・用語 （1mを3等分した1つが$\frac{1}{3}$m）		分数の大きさ，大小関係 （$\frac{1}{5}$が5こで1，6こで$\frac{6}{5}$）		分数のたし算・ひき算

単元づくりのポイントは，大きく3点挙げられます。

1点目は，単元導入における問題場面の設定です。子どもたちが具体的なイメージをもって学習に入っていけるように，日常生活で起こり得る場面を設定するほうがよいでしょう。分数は日常場面では分割したものの大きさを表したり，はしたの大きさを表したりするときに使われます。そこで，「1mのテープを等分したときの長さ」「教室の飾りつけのために1mずつに切ったときのテープの余りの長さ」「1mのテープで測り取った部分のはしたの長さ」など，具体的な場面を設定します。

2点目は，分数の加法・減法に入る前までに分数の大きさについてしっかりととらえさせておくことです。単位分数のいくつ分というとらえ方はもちろん，もとの大きさが違ったときに分数で表した場合どうなるのかというところも理解させておくことで，分数の加法・減法の学習において，形式的に方法を知るだけではなく，意味までしっかりと理解させることにつながります。

3点目は，加法・減法の仕方を考えさせる際，図や操作と結びつけながら計算方法を考えさせることです。分数の加法・減法は，分母はそのままで分子どうしをたしたりひいたりするという方法のみを形式的に覚えがちです。分子どうしをたすとはどういうことなのか，その意味までとらえさせるために，実際に操作させたり，図で表したりさせましょう。

（4）単元目標と単元計画（全10時間）

数・式と図や操作を関連づける活動を通して，分数の意味や表し方，加法・減法の意味について理解し，生活や学習に活用しようとする態度を養う。

知識・技能	分数が用いられる場合や，分数の表し方について知り，簡単な場合について，分数の加法および減法の意味について理解し，それらの計算をすることができる。
思考・判断・表現	数のまとまりに着目し，分数でも数の大きさを比べたり計算したりできるかどうかを考え，表現することができる。
主体的に学習に取り組む態度	分数を用いると，等分してできる大きさや端数部分の大きさを表すことができるというよさに気づき，身の回りから分数を用いた表現を見いだしたり，分数による数の処理や分数の見方を日常に活用しようとしたりする。

・等分した長さやかさの表し方（4時間）
・分数の大きさと大小関係（3時間）
・分数のたし算・ひき算（3時間）

 「分数」の授業はこう変わる！

以下では，単元づくりの3つのポイントに沿って実際に行う授業の例を紹介していきます。

（1）第1時：導入場面

第1時では，「お楽しみ会で使う輪飾りをつくるために，テープを1mずつに分けていったとき，きれいに分けられず余ってしまいました。余った長さは何mといえばいいですか」という問題を設定し，実際にそのはしたの部分（$\frac{1}{4}$ mと$\frac{1}{3}$ m）を配って長さの表し方について考えさせます。長さを表すために，切り分けた1mのテープを使ってもよいこととし，一緒に配っておきます。子どもたちは，1mのテープとはしたのテープの長さを比べながら1mに対するはしたの長さについて，対話を通して表していきます。

> 日常の場面から問題を設定し，問題解決の必要感を高めます。
> $\frac{1}{4}$ mと$\frac{1}{3}$ mの2種類のテープを用意し，それぞれの表し方を考えさせます。

(2) 第6時：もとの大きさに着目

　第6時では，第1時のお楽しみ会の飾りつけの続きとして「$\frac{1}{8}$ mのテープで輪を作って輪飾りにする」という場面を設定し，実際に輪飾り作りをさせます。ただし，1 mのテープを配る列と 2 mのテープを配る列をつくり，それぞれが考える「$\frac{1}{8}$ m」を作らせてから班にして輪飾りを作らせます。

明らかに違う長さのテープが混じっていることに気づいた子どもたちは，「なぜ2種類の長さのテープができてしまったのだろうか」という問いを抱きます。その問いをもとに，「本当の$\frac{1}{8}$ mはどうすれば作れるのだろうか」という課題を設定し，「1 mの$\frac{1}{8}$」と「2 mの$\frac{1}{8}$」の違いを明らかにしていきます。

> 基準として1 mものさしを班の数分用意しておきましょう。
> 分数はもとの大きさに注目することが大切だということを必ず確認しましょう。

1m

2m

> テープの長さがちがうよ!?

> どうしてちがう長さになったのかな?

> $\frac{1}{8}$ mってどんな長さだっけ!?

(3) 第8時：分数の加法・減法

　第8時は，分数の加法と減法の導入場面です。実際にたしたりひいたりできるので，テープなどよりもジュースなどのかさが適しています。「$\frac{3}{5}$ L入っているジュースと$\frac{1}{5}$ L入っているジュースを1つのビンに入れると何

Ｌになりますか」というような問題設定をし，前述したように図や操作と関連づけさせながら計算方法を見いださせていきます。

（4）学習指導案例

【本時の目標】

「本当の $\frac{1}{8}$ m」をつくる活動を通して，分数で量を表すためには「もとの大きさ」が重要であることを理解することができる。

【本時案（6時間目／10）】

時間	学習活動	指導上の留意点
10 (分)	1 場面を理解し，本時の課題を把握する。	○「$\frac{1}{8}$ mのテープで輪を作って輪飾りにする」という場面を設定し，実際に輪飾りを作らせる。 ○班で長さを確認させる。
	本当の $\frac{1}{8}$ mはどうすれば作れるのだろうか	
10	2 2つのテープを比較し，分析する。	○1ｍものさしを用意しておく。 ○子どもがもとのテープを必要とした場合は与える。 ○折ったり切ったりしてもよいことを伝え，操作と関連づけさせるとともに，分析した結果をノートに図で表すように促す。
20	3 全体で分析結果を発表する。	○「どちらも $\frac{1}{8}$ mといっていいのではないか」という意見から取り上げる。 ○前時までを振り返り「1ｍ」をもととしていたという意見が出た場合にはノートなどで振り返らせる。 ○「2ｍの $\frac{1}{8}$ は何ｍなのか」という問いも取り上げ，図をもとにして明らかにさせる。 ○分数で量を表すときには，「もとの大きさ」に注目することが大切であるということを明示する。
5	4 本時を振り返る。	○「初めはどちらも $\frac{1}{8}$ mと思っていたけれど，元の大きさに注目したら違いがわかった」という振り返りやそのために役立った友達の考えなどを取り上げる。

【評価の視点】

分数で測定したときの量を表すためには，「1m」をもとにして表さなければならないことを図を用いて説明している。（思考・判断・表現）

2 三角形と角　　　[B 図形]

① 新教科書はここが変わった！

(1) 学習内容のポイント

　本単元では，二等辺三角形と正三角形の意味や性質を理解し，それらの操作を通して角についても理解することをねらいとしています。二等辺三角形と正三角形の意味や性質の理解については，「定規やコンパスによる作図，ひご等による構成，紙を折るなどの活動を豊かに行うことを通して，帰納的に理解できるようにする」（『小学校学習指導要領解説 算数編』〔2017年〕より）とあるように，操作活動を通して理解させていくことが大切です。

　また，「二等辺三角形や正三角形の構成を繰り返すなかで……二等辺三角形と正三角形の関係に着目できるよう指導することが大切である」（前掲書）ともあり，作図ができるようになるだけではなく，図形を構成する活動のなかで，構成要素や図形間の関係に次第に目が向くようにしていくことも本単元のねらいであるといえます。

(2)「主体的・対話的で深い学び」につながる教科書の工夫

　本単元の教科書の工夫で最も特徴的なのは，単元の導入における教材の違いです。新教科書では，6社中4社が長さの異なる4種類のストローで三角形をつくる活動が設定されています。この活動の利点は，自由に三角形をつくることができ，なおかつストローの種類によって色分けしておけば，色の組み合わせによって「辺の長さ」に着目して仲間分けをすることができるということです。つまり，自然と「辺の長さ」という見方を働かせて三角形を見ることができるということです。ほかの2社のうち1社は付録の色棒

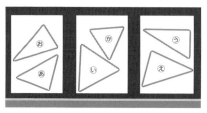

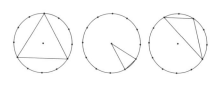

を使って三角形を作らせる活動が設定されており，この活動はストローで三角形をつくる活動と利点は同じです。

　また，もう1社は，円を12等分して3つの点を選んで三角形を作り出すという活動です。この活動は，鉛筆で「かく」という「作図」につながるもので，単元中盤の円を使った三角形づくりの際にも生きてきます。

　また，本単元では，単元を通して下にあるような三角形を構成する活動が設定されています。そして，各活動において，どのような三角形をつくることができるのかと，三角形ができるわけの説明を吹き出しなどを利用して促しています。このようにして，操作活動を通して図形の構成要素に目を向けさせていくとともに，論理的思考の素地を養うことがねらわれています。

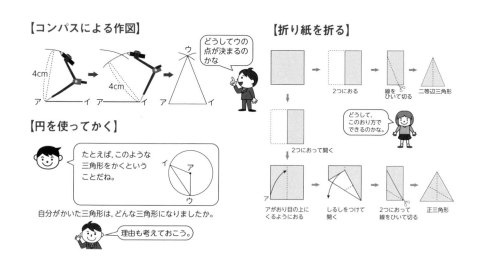

（3）単元づくりのポイント

　本単元における単元構成は基本的に次のようになります。

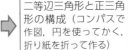 ➡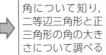

三角形を作って仲間分け（二等辺三角形と正三角形の定義）	➡	二等辺三角形と正三角形の構成（コンパスで作図，円を使ってかく，折り紙を折って作る）	➡	角について知り，二等辺三角形と正三角形の角の大きさについて調べる	➡	二等辺三角形と正三角形を敷き詰める

　本単元でポイントとなるのは，つねに操作活動を通して学習を進めることができるように単元を構成することです。

　まず導入では，三角形を構成した後，それらを辺に着目して仲間分けする活動を通して二等辺三角形と正三角形の定義を知ります。辺の長さに自然と着目できる活動を設定することがポイントです。教科書に採用されている活動以外にも，次のような活動でも辺に着目して三角形をつくることができます。

【重なり三角形】

　Ａ４用紙を一度だけ折ります。すかして見て２重に重なった部分で作られた図形を「重なり図形」と呼びます。このルールで作られる三角形（重なり三角形）は，必ず「直角三角形」か「二等辺三角形」になり，「一般三角形」や「正三角形」にはならないという特徴があります。この活動に必要な教具はＡ４用紙のみですので，準備も非常に簡単です。

Ａ４サイズの用紙を一度だけ折る　　直角三角形　　二等辺三角形　　二等辺三角形

　角について学ぶ際も操作活動を通して学習を進めます。角の大きさを実際に三角形どうしを重ねて比べたり，二等辺三角形の底角どうしの大きさが等しいことや，正三角形のすべての角の大きさが等しいことを調べたりします。

最後は敷き詰め活動を行うことで，二等辺三角形の等しい長さの辺を意識したり，敷き詰めることでできた新たな形を発見したり，敷き詰めた模様の美しさを感じたりすることができます。

（4）単元目標と単元計画（全8時間）

　三角形を観察，操作，構成する活動を通して，三角形を構成する要素に着目し，二等辺三角形，正三角形，角について意味や性質を理解するとともに，三角形の美しさを感得する態度を養う。

知識・技能	二等辺三角形，正三角形，角について意味や性質を理解し，二等辺三角形や正三角形を作図することができる。
思考・判断・表現	辺の長さに着目して三角形を分類したり，角の大きさに着目して三角形の性質を見いだしたりすることができる。
主体的に学習に取り組む態度	二等辺三角形や正三角形を構成したり，敷き詰めたりすることで，図形の美しさに気づき，身の回りから二等辺三角形や正三角形を進んで見つけようとする。

・二等辺三角形と正三角形（4時間）
・三角形と角（2時間）
・三角形の敷き詰めとレポート作成（2時間）

②「三角形と角」の授業はこう変わる！

　以下では，単元づくりのポイントに沿って，導入の第1時，二等辺三角形と正三角形の角について特徴を明らかにする第6時，敷き詰め活動を行う第7時について，実際に行う授業の例を紹介していきます。

（1）第1時：三角形を作って仲間分けする

　83ページで紹介した「重なり三角形」を使った導入の授業を紹介します。「重なり三角形」を教材として用いる利点としては，①準備が簡単　②2年生までの復習（三角形の定義，直角三角形など）が自然にできる　③「辺の長さ」という見方での仲間分けが自然にできる，などが挙げられます。

　まず，「重なり図形」のルールを説明します。このとき，「一度だけしか折っ

てはいけないこと」と「重なっていない部分は関係ないこと」を強調して説明します。そして、「重なり三角形を作ろう」という課題を設定し、Ａ４用紙を配って活動させます。

初めは直角三角形をつくる子どもが多いですが、「ほかにはないかな？」と声をかけることで違う折り方にチャレンジするようになります。子どもたちが作ったものの中から「四角形」「直角三角形」「頂点が重なっている二等辺三角形」「頂点が重なっていない二等辺三角形」が入るように選んで黒板に貼り、「重なり三角形」をつくることができているかを確認します。

確認するなかで、四角形になっているものについては、「なぜ四角形といえるのか」を問うことで、三角形と四角形の定義について復習することができます。同様に、「直角三角形がある」という子どものつぶやきを取り上げ、「なぜ直角三角形といえるのか」を問うことで、直角三角形の復習をすると同時に、三角形を仲間分けする活動に移行します。

直角三角形をいくつか選んだ後、子どもたちは「頂点が重なっている二等辺三角形」を指して「きれいな三角形がある」という発言をすると予想されます。なぜ「きれい」と感じるのかを問うと、「辺の長さが同じだから」という返答が返ってくると予想されますので、ここで、全員にこの三角形を作らせ、辺の長さを確認させます。予想では３つの辺の長さが等しくなると思っている子どもたちは、２つの辺の長さだけが等しいことに驚くはずです。こ

この三角形は、辺の長さが全部等しいんじゃない？

2つの辺の長さは等しかったけど，下の辺の長さはちがったよ。

重なり三角形で，3つすべての辺の長さが等しい三角形は作れるのかな？

こで，二等辺三角形と正三角形の定義を押さ
え，最後の活動として「重なり三角形で正三
角形をつくることはできるのか」に取り組ま
せます。子どもたちは，何とかして正三角形
を作ろうとして3つの辺の長さに注意しな
がら何度も紙を折って試行錯誤を繰り返すと
考えられます。

「なぜそういえるのか」
ということを問い返して
論理的思考の育成につな
げます。
「きれいな三角形」の辺
の長さが等しいかどうか
予想させてから確認させ
ましょう。

（2）第6時：二等辺三角形と正三角形の角

　第5時で「角」について学習した後，第6時では二等辺三角
形の角をもとにして，角の大きさ比べをします。今までに習得してきた作図
方法を使って自由な大きさの二等辺三角形
をかかせて，3つの角の大きさを比べさせる
ことで，底角どうしが等しくなることを見い
ださせます。

　正三角形についても同様に作図させて角
の大きさを比較し，すべての角の大きさが等
しくなることを見いださせます。また，同じ
三角定規を2枚使って新たな三角形をつく
る活動を設定し，作った三角形がなぜ二等辺
三角形といえるのかを考えさせることに
よって，論理的思考力の育成につなげます。

「折る」「重ねる」などの
操作を通して「角」につ
いての理解を深めます。
同じ三角じょうぎを2枚
組み合わせることで三角
形を作らせ，その三角形
がどのような形になって
いるかを説明させましょ
う。

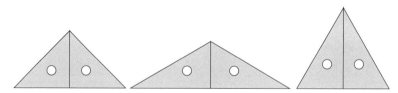

(3) 第7時：三角形の敷き詰め

　単元のまとめのパフォーマンス課題として，三角形の敷き詰めとレポート作成に取り組ませます。この時間の導入として，美しい敷き詰め模様を提示すると，子どもたちの関心が高まります。

　とくに，二等辺三角形を敷き詰めた日本の伝統的な模様である「麻の葉模様」を紹介すると，その中から見つけられる「正三角形」や未習ですが「ひし形」など整った形にも目が向きます。それにより，子どもたちが敷き詰めを行った後で自らが作った模様を分析的に見直す活動にもつながります。

　二等辺三角形や正三角形の敷き詰めを通して，平面上に隙間なく広がっていく図形の美しさや，その中から見いだすことのできる新しい形のおもしろさに触れさせましょう。そして、それらをレポートにまとめさせ，思考力，判断力，表現力の評価に生かしましょう。

（麻の葉模様）

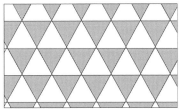

大きな正三角形をみつけたよ。

「麻の葉模様」など美しい敷き詰め模様に出合わせ，敷き詰めに対する関心を高めましょう。
活動して終わるのではなく，できあがった敷き詰め模様から新たな図形を見いださせ，三角形の魅力を感じさせましょう。

（4）学習指導案例

【本時の目標】

　重なり三角形を作り仲間分けする活動を通して，二等辺三角形と正三角形の意味を理解する。

【本時案（1時間目／8）】

時間	学習活動	指導上の留意点
10 (分)	1　本時の課題を把握する。	○重なり図形の作り方を確認し，課題を設定する。 ○確認のために代表者に前で作らせ，例示する。
	紙を一度だけ折って重なり三角形を作ろう	
10	2　重なり三角形をつくる。	○できた図形を黒板に貼る。その際，直角三角形，二等辺三角形，四角形，五角形が入るように選び，三角形と四角形の定義を復習する。 ○頂点を重ねて作っている重なり三角形を取り上げ，三角形の種類が違うことに着目させる。 ○「きれいな三角形」という発言を拾い，辺の長さに着目するきっかけをつくる。
	重なり三角形を仲間分けしよう	
20	3　重なり三角形を仲間分けする。	○直角三角形の確認方法として，長方形の特徴（すべての角が直角）を使った説明をさせる。 ○辺の長さがどうなっているのかをコンパスやものさしを使って確認させる。 ○二等辺三角形と正三角形の定義を確認する。 ○重なり三角形が正三角形になるかどうか考えさせる。
5	4　本時を振り返る。	○本時を振り返り，学んだことを確認するとともに，次時の学習への見通しをもたせる。

【評価の視点】

　重なり三角形を仲間分けする活動の中で，二等辺三角形と正三角形の意味を理解し，重なり三角形で正三角形がつくれるかどうかすすんで検討している。（知識・技能）

3 ぼうグラフと表
[Dデータの活用]

① 新教科書はここが変わった！

（1）学習内容のポイント

　旧教科書から引き続き本単元で学習すべき内容は，①正の字を使って記録する方法を知ること　②棒グラフについて知り，読めるようになること　③棒グラフがかけるようになること　④二次元表について知ること，の４点です。また，『小学校学習指導要領解説 算数編』（2017年）では，「一つの観点で作成した表を組み合わせた表について棒グラフに表す際，複数の棒グラフを組み合わせたグラフができることにも気付かせ，このような棒グラフを読むことができるようにする」とあり，新教科書では，次のようなグラフを読み取る活動が設定されています。

　また，「データを整理する観点に着目し，身の回りの事象について表やグラフを用いて考察して，見いだしたことを表現すること」が目標として掲げられました。これを受けて新教科書では，グラフを読んだりかいたりするだけにとどまらず，グラフどうしを

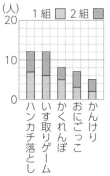

【3年生の好きな遊び】

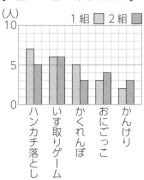

【1組と2組の好きな遊び】

比較して考察したことをまとめて発表するなど，実際の生活面で「数学を

使う活動」を意識したものが設定されています。

(2)「主体的・対話的で深い学び」につながる教科書の工夫

　まず，教材については，「すきな遊びしらべ」「けがをした場所の調査」「どんな乗り物が多いか」など，子どもたちにとって身近で目的意識が明確な場面を各教科書の趣向を凝らして選んであります。場面設定にも工夫が見られ，たとえば単元の導入では「読み上げられたすきなスポーツを記録して整理する」という場面にすることで，速く，正確に記録ができる「正の字」の必要性を強調して導入しています。

　また，教材の扱い方にも工夫が見られます。多くの教科書で一度使った教材（状況）が違う学習内容でも使われています。ある教科書では単元を通して「けがを減らすには？」というテーマに沿って学習が進められています。これにより，2つのメリットが挙げられます。1つめは，「けがを減らすにはどうしたらよいか」という身近な日常場面を設定することで，子どもたちが自然な問題解決の過程をたどることができるということです。これは，数学的活動の過程を自ら遂行し，粘り強く学び続ける子どもたちの姿につながります。2つめは，同じ状況を色々な角度で分析させたり，色々な方法で表現させたりすることで，対象について深く考察することができるということです。

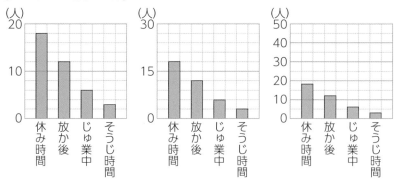

【けがをした時間と人数】

さらに，新教科書には，グラフや表どうしを比較する場面が多く設定されています。これは前述した「考察し表現する」ということを意識したものと考えられ，「どんな目的に有効か」「どちらが見やすいか」などについて理由も含めて考え，友達との対話を通して表やグラフについて理解を深めることができます。

(3) 単元づくりのポイント

　本単元における単元構成は，基本的に次のようになります。

　以下では単元づくりのポイントを説明していきます。
　まず1点目は，正の字での記録・整理に入る前に，本単元を通しての目的意識が明確にあると，子どもたちの主体的な学びにつながります。（たとえば，「校内のけがを減らすために調査しよう」「お楽しみ会で何がしたいか調査しよう」等）

けがしらべ（人）　（4月から6月）

場所 ＼ 月	4月	5月	6月	合　計
校　庭	14	15	18	
体育館				
ろう下				
教　室				
その他				
合　計				

表を重ねたみたいだね。

2点目は，単元を通して教材を続けて用いることができるように問題場面を設定します。たとえば，二次元表に表す際は，前時で扱った4月のデータとともに5月や6月のデータを合わせて1つの表に表すような活動を設定するとよいでしょう。

　3点目は，グラフや表を比較する活動を入れていくことです。具体的には，①「棒グラフを読む」場面で，縦のグラフと横のグラフを比較する ②「棒グラフをかく」場面で，目もりのとり方が違うグラフを比較する ③複数組み合わせたグラフどうしを比較する ④目的が異なるグラフどうしを比較する，などが挙げられます。

　4点目は，棒グラフや表を実際に活用する場面を設定することです。「けがを減らすためのポスターをつくる」「すきな遊びについての学級新聞をつくる」「お楽しみ会の計画書をつくる」などをパフォーマンス課題として設定すると，思考力，判断力，表現力等の評価にもつながります。

（4）単元目標と単元計画（全9時間）

　身の回りにある事象について観点を定め，データを分類整理して表やグラフに表したり，データの特徴をとらえて考察したりする活動を通して，そこから見いだしたことを表現することができるようになるとともに，統計的な問題解決の手法を日常に活用しようとする態度を養う。

知識・技能	日時や場所などの観点からデータを分類整理し，表や棒グラフに表したり，読んだりすることができる。
思考・判断・表現	データを整理する観点に着目し，身の回りの事象について表やグラフを用いて考察し，見いだしたことをもとに，企画書としてまとめることができる。
主体的に学習に取り組む態度	表やグラフに表すことのよさに気づき，日常の事象を目的に応じた観点でデータを表や棒グラフに表し，その特徴について考察したことを生活に生かそうとする。

・整理の仕方（1時間）
・棒グラフの読み方とかき方（4時間）
・工夫した表や棒グラフ（2時間）
・企画書をまとめる（2時間）

② 「ぼうグラフと表」の授業はこう変わる！

以下では，「低学年（1・2年生）と交流会をしよう」というテーマで単元を通して学習を進める，単元構成の例とポイントを紹介します。

(1) 第1時：正の字で記録・整理する

第1時では，「低学年と交流をする際，どんなことを決めておくべきか」を確認します。ここでは「一緒にする遊び」「一緒に食べる調理実習のおやつ」「最後に渡すプレゼント」の3つについて決めていくことにします。そして，単元の最後には一人ひとりが「交流企画書」をつくるので，企画についての説明がしやすい資料を作らないといけないという目的意識を共有させます。

まずはプレゼントについてどんなものをあげたいか学級で投票させ，その集計をしていきます。教師が読み上げ，記録を残す煩わしさを感じさせてから，「正の字」の記録の仕方を紹介します。速く，正確に記録し，整理することができることを実感させましょう。

> 単元のゴールを示し，目的意識を明確にもたせて学習を進めます。
> 必要性を高めて「正の字」の記録法を教えます。

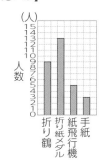

(2) 第2〜3時：棒グラフの読み方

第1時で表にした「どんなプレゼントをあげたいか」を棒グラフで表して提示し，そのグラフの特徴を読み取らせます。

参考資料として，1・2年生にあらかじめとっておいた「もらって嬉しい物アンケート」の結果を横向きの棒グラフでまとめておき，横にした棒グラフについてもここで読み方を押さえておきます。

アンケートをとるときに

【どんなプレゼントをあげたいか】

プレゼント	人数（人）
折り鶴	9
折り紙メダル	13
紙飛行機	5
手紙	3

（人）

人数

折り鶴　折り紙メダル　紙飛行機　手紙

実践編｜第3学年

は，意見が広がりすぎないように，あらかじめ候補を絞ってたずねるように
するとよいです。

(3) 第4～5時：棒グラフのかき方

　ここでは，棒グラフのかき方について学習します。1年生を対象にしてとっ
ておいた「すきな遊び」についてのアンケート結果を表にして提示し，企画
書に使うためにグラフに表すことを確認し，かき方について押さえていきま
す。第5時では，1・2・3年生を対象にしたアンケート結果を表で示し，

【すきな遊び1年生】

遊び	人数（人）
おにごっこ	10
じんとり	8
長なわ	7
ドッジボール	4
その他	1

【すきな遊び1・2・3年生】

遊び	人数（人）
じんとり	33
長なわ	20
ドッジボール	18
おにごっこ	16
その他	3

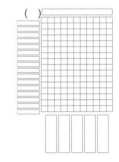

グラフをかかせていきます
が，前時とは総数が違うた
め，1目盛をどれだけにす
ればよいか考えさせる必要
が出るようにします。

同じ目盛では都合が悪い
状況に出合わせ，目盛の
決め方を考えさせましょ
う。

(4) 第6～7時：二次元表と棒グラフを組み合わせたグラフ

　第6時では，1年生と2年生を対象にとった「すきなおやつ」について
のアンケート結果を別々の表で提示し，その表を二次元表にしてまとめてい
く学習を行います。

1年生のすきなおやつ	
しゅるい	人数(人)
パンケーキ	9
クッキー	8
ゼリー	5
フルーツポンチ	4
その他	6

2年生のすきなおやつ	
しゅるい	人数(人)
パンケーキ	6
クッキー	8
ゼリー	8
フルーツポンチ	7
その他	3

1・2年生のすきなおやつ（人）

しゅるい	1年	2年	合計
パンケーキ	9	6	15
クッキー	8	8	16
ゼリー	5	8	13
フルーツポンチ	4	7	11
その他	6	3	9

　第7時では，第4時で取り扱った1年生の「すきな遊び」について，2年生のアンケート結果を加えて棒グラフを組み合わせたグラフで表したものを2種類提示します。それらを比較させ，それぞれにどんな特徴があるのかを明らかにし，それぞれのグラフのよさや，用途について対話を通して見いださせていきます。さらに，3年生のアンケート結果も取っているので，「3つのグラフを組み合わせることもできるのではないか」という子どもたちの問いから3つの場合のグラフの表し方について考えさせていくと，連続的な課題解決の姿につながります。

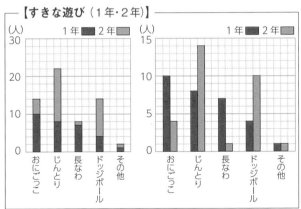

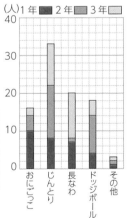

【すきな遊び（1年・2年・3年）】

グラフを比較させることがポイントです。それぞれのグラフのどんな特徴から，どんなことを表したいときに有効なのかを明らかにさせましょう。

(5) 第8～9時：企画書をまとめる

　本単元で学んだことを活用し，パフォーマンス課題として交流会の企画書を作ります。授業で扱った表やグラフを使ったり，新しくグラフをかいたりして，根拠をもってどんな「遊び」「おやつ」「プレゼント」にするかを企画書にまとめます。まとめた企画書は，学級で発表し，どんな交流会にするかを決めます。

(6) 学習指導案例

【本時の目標】

　棒グラフを組み合わせたグラフどうしを比較する活動を通して，どのようなときにどのようなグラフが有効か考え，適用することができる。

【本時案（7時間目／9）】

時間	学習活動	指導上の留意点
5 (分)	1　前時を振り返り，本時の課題を把握する。	○同じ表から2種類のグラフがかけることを確認し，課題を設定する。
	それぞれのグラフからどんなことがわかるだろうか	
10	2　2つのグラフを比較し，それぞれのグラフの特徴を挙げる。	○片方は，1年生と2年生を並べたグラフで，もう片方は積み上げたグラフであることに気づかせる。 ○「一目でわかる」という棒グラフの利点を共通認識しておき，どちらのグラフが「何」を一目で読み取ることができるかを考えさせる。
15	3　全体でグラフの特徴を発表し，1年生と2年生の傾向を読み取る。	○どちらのグラフがどんなことを表すときに有効かを発表させる。 ○グラフから読み取ることができる集団の傾向を発表させ，交流会でどんな遊びを一緒にするべきか理由とともに結論付けさせる。
10	4　3つの棒グラフを組み合わせたグラフをつくる。	○自分たち（3年生）がやりたい遊びも加えて考えたほうがいいのではないかという意見を拾い，3つの棒グラフを組み合わせたグラフを作成させる。
5	5　本時を振り返る。	○本時を振り返らせ，次時につなげる。

【評価の視点】

　2つのグラフのそれぞれのよさを理解し，どの遊びをすべきか理由とともに結論づけることができている。（理解・技能）

（大林将呉）

第4学年

1 面積 [B 図形]

① 新教科書はここが変わった！

(1) 学習内容のポイント

　本単元の「面積」は，長方形や正方形の面積をその図形を構成する辺の長さから，計算によって測定値を求めることができるようになることがねらいです。

　ここでは，第1学年で体験した広さの感覚から面積の概念へと抽象化を進めることが大切です。面積の測定も長さやかさ，重さなどと同じように，単位を定めることによりそれをもとに測定した数で表せることができることに気づかせていきます。しかし，長さやかさ，重さなどは，ものさし，ます，はかりなどの計器を用いて直接数値化できるのに比べ，面積は，図形を構成する辺の長さから，計算によってその測定値を求めていかなければなりません。この違いにも気づかせていくことが重要です。

　一般的な指導は，大きさを比較する活動を通して，広さの意味を明らかにしていく導入展開が多いです。具体的には，まず「どちらが広い？」と比較する活動から導入をします。ここでは，感覚的に判断する比較，重ねて広さを考える直接比較，広さを別のものに写し取って考える間接比較の活動を行います。

　次に，「どれだけ広い？」と問うことで，敷き詰めた図形の個数で比べる（任意単位）や1cm^{2}の普遍単位による測定に着目できるようにしていきます。

　このような段階を踏み，子どもたちが広さの概念を理解していきます。そして，最後に長方形と正方形の面積は，図形の構成する辺の長さから計算によって求めることができるということを見いだしていきます。

(2)「主体的・対話的で深い学び」につながる教科書の工夫

　各教科書の特徴をとらえるにあたり，「面積」の単元の導入で“用いられている数値”と“扱っている問題”を中心に見ていきます。下は，各教科書の特徴を整理した表です。

	1 時間目に扱う問題と数値設定
A 社	じんとりゲームをする。 4 種類（正方形，長方形，L 字型）のじん地を提示する。
B 社	まわりの長さが同じ 5 種類（長方形，正方形，L 字型）の花だんを提示する。
C 社	20 このブロックでまわりをかこんで，長方形や正方形の花だんをつくる。 20 このブロックでまわりをかこんだ 4 種類（長方形，正方形）の花だんを提示する。
D 社	16 このれんがでまわりをかこんだ 3 種類（長方形，正方形，L 字型）の花だんを提示する。
E 社	16 このれんがでまわりをかこんだ 4 種類（長方形，正方形）の花だんを提示する。
F 社	16 このブロックでまわりをかこんだ 3 種類（長方形，正方形）の花だんを提示する。 じんとりゲームをする。 2 種類（長方形と正方形）のじん地を提示する。

　表からわかるように，導入で扱われている問題には，花だんの広さを考える問題とじん地の広さを考える問題があります。子どもたちが主体的に学習に参加できるように，実際に同じ個数のブロック（れんが）を使って花だんをつくる活動を設定したり，じんとりゲームを設定したりしている教科書もあります。さらに，花だんの広さを考える活動では，扱う花だんの形を長方形と正方形だけでなく L 字型まで扱っている教科書もあります。これは，これからの学習で取り扱う L 字型の面積を考える活動につながるようにしているのではないかと考えられます。

　花だんの問題で意図していることは，広さはまわりの長さではくらべられないということに子どもが自然と気づけるような展開にしています。一方，じんとりゲームは，ゲームの勝敗を決めるために自然と広さを比べる必要性をつくり出そうという展開になっています。また，各教科書で共通している

実践編 第 4 学年

点は，長さやかさ，重さなどの学習経験を生かした直接比較，任意単位，普遍単位の学習の流れになっていることです。

（3）単元づくりのポイント

　子どもたちは，これまで学習経験として長さやかさ，重さなどの学習でも感覚的に判断する比較，直接比較，間接比較，任意単位などの活動をしてきています。また，日常生活のなかで「広い，せまい」という言葉を使ったり，耳にしたりしています。子どもたちの発する言葉を観察すると，「広い，せまい」という言葉は実に多様な使われ方をしています。面積・道幅・空間・性格など実に多様な使われ方をしていることがわかります。つまり，子どもたちの「広さ」にもっている感覚は，多種多様です。それを整理したのが図1です。

　以上のことから，子どもたちがもっている学習経験や生活経験を引き出し，本単元の学習内容につないでいくことが，広さ（面積）の理解を深めていくうえで有効であるのではないかと考え，単元を構成しました。

図1　「広い，せまい」の多様な使い方

```
① 体育館は教室より広い→面積
② 家の前の道路はせまい→長さ（道幅）
③ 宇宙は広い→空間
④ 父は顔が広い→人づきあい
⑤ 心がせまい→心的状態や性格　　など
```

（4）単元目標と単元計画（全7時間）

　面積の概念を理解し，長方形や正方形の面積をその図形を構成する辺の長さから計算によってその測定値を求めることができるようにするとともに，生活や学習に活用しようとする態度を養う。

知識・技能	長方形や正方形の求積公式の意味や面積の単位（cm², m², km², a, ha）が理解できる。 求積公式を用いて，いろいろな長方形や正方形の面積を適切な単位を選んで求めることができる。
思考・判断・表現	学習経験や生活経験と関連づけながら，長方形や正方形の求積の仕方を考えることができる。複合図形の面積の求め方を工夫して求めることができる。
主体的に学習に取り組む態度	長方形や正方形の求積公式を利用して，身の回りにあるものの面積を求めようとしている。

・広さを比べる（1時間）
・広さの求め方を考える（3時間）
・広さを調べる（3時間）

　指導をするにあたり「広さを比べる」－「広さの求め方を考える」－「広さを調べる」という三つの活動を設定しました。

　一つめの「広さを比べる」活動では，まず子どもたちの生活経験から広さの感覚を引き出していきます。そして，子どもがもっている多種多様な「広さ」の感覚を大切にしながら，面積の広さに焦点化していきます。次に，広さを比べる活動では，今までの学習経験を想起させ，感覚的な判断・直接比較・間接比較・任意単位による比較を行うことを通して，広さを比べることができるようにしていきます。

　二つめの「広さの求め方を考える」活動では，長方形と正方形の広さの求め方を考えさせていきます。周りの長さが同じで面積が異なる2つの図形を提示することで，図形の周りの長さが同じだから広さは同じ，という誤った認識に気づくことができるようにしていきます。また，図形の周りの長さの数値を増やすことで，1つずつ普遍単位を数える大変さを実感し，面積公式「たて×横」「1辺×1辺」で求められることに気づかせていきます。

　三つめの「広さを調べる」活動では，身の回りにあるもので大きな広さを調べる活動を設定します。そのときに，大きな面積の表し方に出合わせることで，必要性をもって大きな面積を求めることができるようにしていきます。

② 「面積」の授業はこう変わる！

（1）授業の具体

　ここでは【第一活動：広さを比べる】の１時間目「どちらが広い？」の学習を中心に記述します。学習の主なねらいは，大きさを比較する活動を通して，広さの比べ方の方法を考え，どちらが広いか理解することができることです。

（2）子どもの生活経験を引き出す（主体的な学び）

　先ほども述べたように，子どもたちが「広さ」にもっている感覚は, 多種多様です。すぐに大きさを比較する活動から始めるのではなく, まずは子どもたちの日常的な経験にある多種多様な「広さ」の感覚を引き出し, 全体で共有していきます。

　具体的には，まずはじめに導入の場面で，教師から「広いという言葉を聞いたり, 使ったりしたことはあるかな？」と子どもたちに問いかけてみます。そして，子どもたちが「広さ」についてどのようにとらえているかを探っていきます。おそらく子どもからは，「心が広い」「顔が広い」「場所が広い」など，多種多様な広さのとらえ方が出てくることが予想できます。

　次に，道幅が違う高速道路と田舎道の道路を画像で提示します。そして，「どちらの道が広い？」と問い，道幅つまり長さで判断していることを確認していきます。

　さらに，犬小屋と電話ボックスの画像を提示し，ここでは空間の広さを確認していきます。

　最後に，大プールと小プールを上から映した画像を提示します。そして，平らで縦，横に広がっていく広さを確認します。

> 子どもがもっている「広さ」の感覚を引き出し，「広い，せまい」といった言葉には多様な使われ方があることに気づかせていきます。そして最後に，本単元で学習する面積の「広さ」に焦点化していきます。

（3）対立性の受容から対話を生み出す（対話的な学び）

　本単元で学習する面積の「広さ」に焦点化した後は，「どちらが広いか？」と大きさを比較する場面に移ります。ここでは，図2のような正方形と長方形の図を提示します。最初は，あえて周りの長さを示さずに，条件不足の形で提示します。そうすることで，数字での計算処理で終わらず任意単位や単位面積を使って数える活動に意識が向くようにしていきます。

図2　正方形と長方形の図

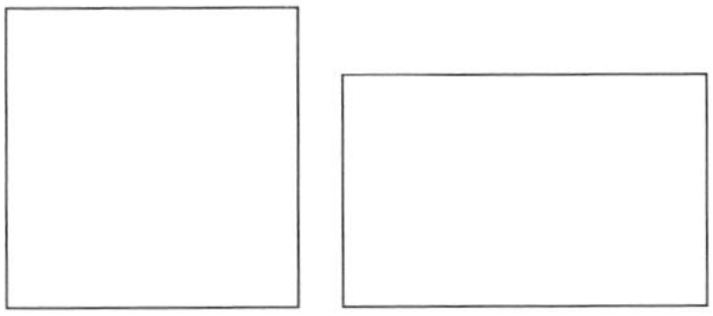

図3　周りの長さが同じで面積が異なる図

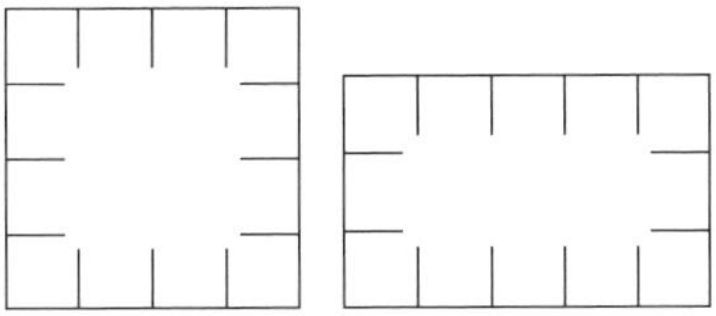

　そして，子どもから「長さを教えて」という声が出てきたタイミングで，次に図3のような，周りの長さが同じで面積が異なる2つの図形を提示します。

　子どもたちのなかには，図形の周りの長さが同じだから，広さは同じという誤った認識をもった子どももいると考えられます。あえて「周りの長さは，どちらも16だから面積は同じ」という誤概念もここでは取り上げ，友達の気持ちを解釈させる状況をつくり，子どもの思いに寄り添わせる授業展開にします。そうすることで，「面積は同じ，同じではない」という意見の対立が生まれます。そして，自分はどの立場か確認した後，その立場に至った理由を聞いていきます。このようにして，みんなを巻き込みながら授業を展開していきます。

2つ以上の対立意見を受容し，授業に取り入れることで，対立状況をつくり，子どもたちの対話を促していきます。

（4）反例を探ることで広さの理解を深めていく（深い学び）

　実際にどちらの図が広いのかを直接比較を通して確認していきます。すると，正方形は1つ□が多く残ります。このことから，正方形のほうが広いことがわかります。また，図4のように正方形は□が16個，長方形は□が15個になり，□の個数を比べても正方形のほうが広いことが確認できます。

　さらに，誤概念に気づけるようにするために，反例を出す手立ても考えられます。

　具体的には，周りの長さが同じだから広さも同じと誤った認識をしている場合は"周りの長さは長くなる（周りの長さが違う）が，広さは変わらない図"（図5）を提示します。

図4　□の個数を比べる

 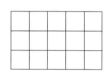

16個　　　　　　　15個

> 反例を探る場を設定することで誤概念に気づかせ，広さ（面積）の理解を深めることができるようにしていきます。

　また，周りの長さが長ければ広さが広いと誤った認識をしている場合は，"周りの長さが長くても，広さがせまくなる図"（図6）を提示します。

　このような例を提示することで，周りの長さだけでは，広さを比べることができないことに気づかせ，広さ（面積）の理解を深めることができるようにしていきます。

図5　周りの長さは長くなるが，広さは変わらない

図6　周りの長さが長くても，広さがせまくなる

 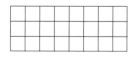

（5）学習指導案例

【本時の目標】

　大きさを比較する活動を通して，広さの比べ方の方法を考えどちらが広いか理解することができる。

【本時案（1時間目／7）】

時間	学習活動	指導上の留意点
10 (分)	1　本時の学習の見通しをもつ。 ・「広さ」についてイメージを共有する。 ① 体育館は教室より広い→面積 ② 家の前の道路はせまい→長さ（道幅） ③ 宇宙は広い→空間 ④ 父は顔が広い→人づきあい ⑤ 心がせまい→心的状態や性格　　　など	○子どもがもっている多種多様な「広さ」の感覚を引き出し整理することを通して，本時の学習の「面積」に焦点化できるようにしていく。 ○周りの "長さ" で広さを判断している子どもの声を拾い板書することで，意識化していく。
	<center>どちらが広いでしょう</center>	
30	2　どちらが広いか考える。 4cm・4cm　5cm・3cm ・予想でどちらが広いか考える。 　　　　　　　　　　【感覚比較】 ・周りの長さを仮に設定する。 ・周りの長さと広さの関係で比べる。 ・直接重ねる。重ねて切る。 　　　　　　　　　　【直接比較】 ・写し取って重ねる。 　　　　　　　　　　【間接比較】 ・何かのいくつ分かで考える。 　　　　　　　　　　【任意単位比較】	○最初に広さを比べるアイデアを共有する場を設定し，見通しがもてるようにする。 ○「周りの長さで比べて，広さは同じ」と考えている意見と「正方形のほうが広い」と考えている意見を表出させ，議論する場を設定する。 ○「どちらも同じ」と考えた誤答を出している理由を考える場を設定したり，「どちらも同じ」という考えが出ないときには，こちらから「長さが同じだから同じでは？」と揺さぶりをかけたりすることで，実際に確かめたくなる状況を生み出す。
5	3　本時の学習を振り返る。	○振り返る時間を設け，子どもの理解の状況を探る。

実践編　第4学年

【評価の視点】

　既習経験とつなげて広さの比べ方を考えようとしたり，周りの長さの合計では広さを比べられないことに気づいている。（思考・判断・表現）

2 調べ方と整理のしかた
[D データの活用]

① 新教科書はここが変わった！

(1) 学習内容のポイント

　本単元は，目的に応じて資料を集めて分類整理し，二次元表を用いてわかりやすく表したり，表から特徴や傾向を読み取ったりすることがねらいです。

　現在の情報化社会を考えると，表やグラフに表すことができる知識・技能だけではなく，ねらいにもあるように目的に応じて必要な情報を集め，分類整理して，特徴や傾向を読み取る力が大切になってきています。つまり，統計的な問題解決の考え方（図1）ができるようになることが，重要になっているのです。

　2017 年告示の『小学校学習指導要領』から新しく「D データの活用」領域が設定され，ますます統計教育の充実がめざされます。

図1　統計的な問題解決の考え方

問題 （Problem）	・問題の把握	・問題設定
計画 （Plan）	・データの想定	・収集計画
データ （Data）	・データ収集	・表への整理
分析 （Analysis）	・グラフの作成	・特徴や傾向の把握
結論 （Conclusion）	・結論付け	・振り返り

(2)「主体的・対話的で深い学び」につながる教科書の工夫

　この単元の学習内容は，第 6 学年で取り扱う「D データの活用」の学習内容につながっていきます。現在の社会を考えると，統計リテラシーが重要です。このような社会の背景から各教科書も「D データの活用」領域の単

元は，紙面を増やしているところが多いです。特徴的なところは，表やグラフの内容のページだけでなく，統計的な問題解決の考え方「PPDACサイクル」を意識して掲載しているページがあることです。ここからもわかるように，日常の問題解決のために，統計的な考え方を手段として使うことがこれから重要になってきます。

第4学年の「調べ方と整理のしかた」の単元では，子どもたちにとって身近に感じることができる問題を設定している教科書が多いです。たとえば，安全な学校生活をおくるためにどうしたらよいかと問題設定を行い，「1週間のけが調べ」を教材にしたり，図書室の本の利用を調べたいと目的を設定し，「図書室での本の利用者数調べ」を教材にしたりしています。

(3) 単元づくりのポイント

学習内容のポイントでも書いたように，統計的な問題解決の考え方ができるようになることが，重要になってきます。

しかしながら，統計的な問題解決の考え方をいきなり4年生の子どもたちにゆだねても，見通しがもちにくく自分たちで学習を進めていく難しさがあります。では，今後，この考え方を使って自ら問題を解決していく姿につながるためには，4年生のこの時期にどのような素地的経験を積んでおくことが必要になってくるでしょうか。

以上のことから，本単元では，子どもなりにどのように整理したらわかりやすいかを考える機会を保障し，子どもの発想を生かして教師と子どもが一緒に統計的な問題解決の考え方を使って問題を解決することを大切にしていきます。つまり，子どもたちの考える過程を大切にしながら，統計的な問題解決の考え方を追体験させることです。そうすることで，今後，問題を解決するときに見通しがもてるようになり，自ら統計的な問題解決の考え方を使い問題を解決することができるのではないかと考え，単元を以下のようにしました。

(4) 単元目標と単元計画（全9時間）

　目的に応じて資料を集めて分類整理し，二次元表を用いてわかりやすく表したり，表から特徴や傾向を読み取ったりすることを通して，統計的に問題解決する力を育むとともに，その方法を生活や学習に活用しようとする態度を養う。

知識・技能	資料を調べるときに落ちや重なりがないように整理したり，二つの観点から分類整理したりすることができる。
思考・判断・表現	目的に応じて，データを集めて分類整理し，データの特徴や傾向に着目して考察することができる。
主体的に学習に取り組む態度	日常生活から自分で調べてみたいことを見つけ，統計的な問題解決の考え方を働かせて調査しようとしている。

【単元計画】

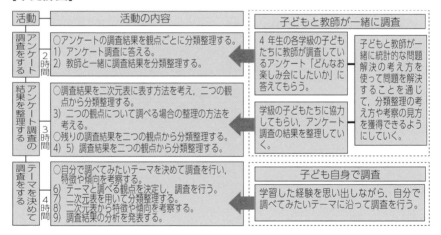

　単元は3つの活動で構成します。1つめの活動では，4年生の各学級の子どもたちに教師が調査しているアンケートに答えてもらいます。具体的には，「学級でどのようなお楽しみ会をしたいか」というテーマで，子どもたちにアンケートの調査を行います。2つめの活動では，本学級の子どもたちに協力を依頼し，アンケート調査の結果を整理していきます。そして，最後の3つめの活動では，自分で調べてみたいテーマを決めて調査を行います。

以上のように，1つめと2つめの活動では，子どもと教師が一緒に統計的な問題解決の考え方を使って問題を解決することを通して，分類整理の考え方や考察の見方を獲得できるようにしていきます。そして，3つめの活動では，実際に学習した経験を思い出しながら自分のテーマに沿って活動を行うことができるようにしていきます。このような単元の構成にすることで，統計的な問題解決の考え方に対して見通しをもって，進めることができるようになるのではないかと考えました。

② 「調べ方と整理のしかた」の授業はこう変わる！

(1) 授業の具体

　ここでは，【第2活動：アンケート調査の結果を整理する】の1時間目「二次元表をつくる」学習を中心に記述します。この時間は，調査結果を分類整理する活動から，2つの観点で分類整理する方法を考えることができることが学習の主なねらいです。一方的に教師から調査方法を伝えるのではなく，子どもの思考や発想を大切にしながら二次元表を創造していきます。そうすることで，二次元表に整理するよさが実感でき，子どもたちが自分で調査するときに進んで使うことができるようになるのではないかと考えました。

(2) できない状況に出合わせ，課題を形成する場面（主体的な学び）

　算数の授業は教師の問題提示から始まります。このときの問題は，教師が与えた問題であり，まだ子ども自らがもつ問いにはなっていません。それが，子どもの問いになるには，子どもがその問題に働きかけ，疑問や不思議と感じる心情の揺さぶりが必要です。ここでは，主体的な学びに誘っていく導入場面の課題の形成について考えていきます。

　まず，始めに図2のように教師からアンケート結果を整理してきた一次元表を提示します。提示する前に「どれが多いかな？」と子どもたちに投げかけ，アンケート結果を予想する時間を設定することで，興味をもたせることができます。次に，アンケート結果を提示した後，「それでは，遊ぶのが "中

図2　アンケート結果

遊ぶのは，外と中のどちらがすき？	人数
外	11
中	13

楽しい系，感動系，ドキドキ系のどれがすき？	人数
楽しい系	7
感動系	4
ドキドキ系	13

がすき"と選んだ 13 人は，"楽しい系，感動系，ドキドキ系"のどれを選んだと思う？」と教師から投げかけてみます。ここで教師がこのような発問をした意図は，これまで学習してきた一次元表（一つの項目の整理の仕方）のままでは，「"中がすき"と選んだ 13 人は，"楽しい系，感動系，ドキドキ系"のどれを選んだのか」を決定することができないという一次元表の限界に気づかせ，子どもの問いを誘発するためです。そして，「あれっ？これ（一次元表）だけだとわからないよ」という心情の揺さぶりが子どもの問いを生み，本時の課題を形成していきます。

> 最初は，教師の問題提示から始まりますが，できない状況に出合わせることで，子どものなかに「あれっ？」という疑問を抱かせます。そして，子どもの問いを生み，本時の課題を形成していきます。

（3）子どもの発想を生かし，二次元表をつくる場面（対話的な学び）

ここでは，子どもの発想を生かしながら図3のような二次元表をつくる過程を紹介します。まずは，教師から「困ったね。どうしていこう？」とあえて子どもにゆだねるような発問をし，図4のような短冊を黒板にバラバ

図3　二次元表（完成）

	外	中
楽しい系	3	4
感動系	3	1
ドキドキ系	5	8

図4　短冊の提示

ラな状態で，1枚ずつ貼ります。この短冊は，左側に場所，右側に〜系を表した一人ひとりの個票です。そして，「これだけわかっているんだけど，この後どうするかアイデアを書いてみよう」とアイデアを考える場を設定します。ここで生かしたい子どもの発想は，「外と中に分ける」「楽しい系，感動系，ドキドキ系に分ける」という考え方です。

次に，この分けるという考えを生かして短冊を分けていきます。一つめの「外と中に分ける」というアイデアから図5のような表現が想定できます。

さらに，二つめの「楽しい系，感動系，ドキドキ系に分ける」というアイデアから図6のような表現に進化することが想定できます。

ここで，境目がわかりやすいように線を入れ，子どもたちに図7のように「ここは何が入るかな？」とた

図5 外と中に分ける

図6 楽しい系，感動系，ドキドキ系に分ける

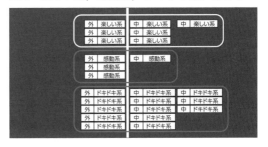

図7 項目を決める

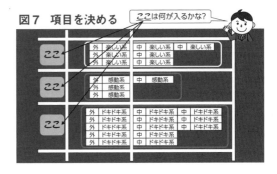

教師が一方的に説明するのではなく，たとえば，「困ったね。どうしていこう？」とあえて子どもにゆだねるような発問をすることで，子どもの発想を引き出し，対話的な学びを生んでいきます。

ずねてみます。そして，表の項目を考える場を設定します。さらに短冊を見やすいように数字にしていきます。

（4）名前をつけることで，学びを価値づける場面（深い学び）

　最後に，子どもたちが発想を生かしながらつくり上げた表に，名前をつける場を設定します。具体的には，図8のように「このできあがった表に名前をつけるとしたら，どのような名前にするかな？」とたずねてみます。この自分たちでつくった表に名前をつける活動は，つくり上げてきた学びを自分自身で価値づけることにつながっていきます。このように，子どもたちが先人の方と同じような追体験をすることで，算数は教えられるものではなく，つくり上げていく学習であることを実感できるようにしていきます。

図8　表に名前をつける

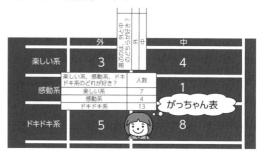

子どもたちにオリジナルの名前をつける場を設定することで，本時の学びを自分自身で価値づけることができるようにしていきます。

（5）学習指導案例

【本時の目標】

調査結果を分類整理する活動から，二つの観点で分類整理する方法を考えることができる。

【本時案（3時間目／9）】

時間	学習活動	指導上の留意点
5 （分）	1　本時の学習の見通しをもつ。 ・整理した表の結果から自分なりに思ったことを発表して交流する。	○前時の学習を想起させ，本時の活動の見通しがもてるようにする。 ○友達が整理した表の結果を予想する場を設けてから表を提示することで，興味をもって活動に参加できるようにする。
	どれを選んだのかな？	
20	2　二つの観点で分類整理する方法を考える。	○子どもたちが分類整理した一次元表を提示し，「〜を選んだ人は，次の質問でどれを選んだのか」を考えさせることで，二つの観点に着目して考えることができるようにする。 ○一次元表だけでは，選ぶことができないことやその理由を全体で共有することで，もとのデータを用いる必要性が生まれるようにする。 ○子どもたちの同じ観点ごとにまとめる考え方や発想を生かすことで，二つの観点で分類整理する方法を考え出すことができるようにする。
15	3　二つの観点で分類整理した表から特徴や傾向を考察する。	○二つの観点で分類整理した表を観察する場を設け，調査結果の特徴や傾向を考察できるようにする。
5	4　本時の学習を振り返り，次時の見通しをもつ。 ・別の観点について予想をする。	○これまでの学習を振り返る場を設け，別の観点についても予想させることで，次時の活動の見通しがもてるようにする。

【評価の視点】

二つの観点で分類整理することができ，また，特徴や傾向を読み取り考察することができている。（知識・技能）

3 変わり方　[C 変化と関係]

① 新教科書はここが変わった！

(1) 学習内容のポイント

本単元で扱う内容は，伴って変わる二つの数量の関係に着目し，その変わり方を表に整理して規則性を調べるとともに，数量の対応の様子を□や△を用いた式にあらわして一般化することをねらいとしています。

たとえば，ある水そうの“時間と水の深さの関係”に着目すると，図1のような表に整理することができます。そして，子どもたちが，その表を観察することで，“1分間で水の深さが3cmずつ増えていく”というきまりが見えてきます。そして，その変わり方の様子を□や△を用いて，□×3＝△という式にあらわすことができます。

『小学校学習指導要領解説 算数編』（2017年）では，第4学年の「C変化と関係」の領域の「(1) 伴って変わる二つの数量」の学習内容にあたります。

この内容を教科書では，「変わり方」や「ともなって変わる量」という単元のなかで指導するように作成されていることが多いです。

図1　表と式

時間□（分）	0	1	2	3	…	10
水の深さ△（cm）	0	3	6	9	…	30

(2)「主体的・対話的で深い学び」につながる教科書の工夫

各教科書の特徴をとらえるにあたり，“用いられている数値”と“1時間目に扱っている問題”を中心に見ていくこととします。次の表は，各教科書

	1 時間目に扱う問題と数値設定
A 社	時計を用いて，時計ばんの表と裏の時こくの関係を調べる活動 （時計ばんの表と裏の時こくの関係，和が 13）
B 社	ストロー 18 本でいろいろな長方形を作る活動　　　　　（たてと横の本数の関係）
C 社	まわりの長さが 16cm の正方形や長方形をいろいろとかく活動 （たてと横の長さの関係）
D 社	長さが 18cm のひもを使って，長方形を作る活動　　　（たてと横の長さの関係）
E 社	まわりの長さが 18cm の長方形をいろいろとかく活動　　（たてと横の長さの関係）
F 社	まわりの長さが 20cm の正方形や長方形をいろいろとかく活動 （たてと横の長さの関係）

の特徴を整理したものです。

　表からわかるように，1 時間目に扱う問題は，子どもたちが作ったり，かいたりしながら伴って変わる数の関係を調べることができるような活動が多いです。したがって，数値はそれほど大きな数にはなっていません。また，上の問題を扱う前に，身のまわりの伴って変わる数の事例を紹介し，伴って変わる数に意識が向くような導入が

図2　共通している教科書の学習の展開

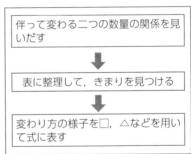

されている教科書が多いです。さらに，6 社の数値や問題には多少の違いはあるものの，学習の展開には共通している点があります。それは，図 2 のような学習の展開になっている点です。この学習の展開に，子どもの自然な学びの文脈をどのように絡めていくかが重要になってきます。

(3) 単元づくりのポイント

　本単元の「変わり方」を別の言い方にすると，「関数」です。関数では，一方のものが決まると，もう一方のものが必ず決まってきます。すなわち，いろいろ変わるなかに何かきまりがあり，そのきまりを見つけることが関数

の基本的な考え方です。この関数の考えを知ることを目的にするのではなく、関数の考え方を使うとうまく問題が処理できたり、予想することができたりする関数のよさを実感できるようにしていくことが大切です。

　そこで、今回の単元づくりで大切にしたのが、日常生活の事象と数学の事象の両方を意識した学習を仕組んでいくことです。なぜなら、関数の考え方を用いて、うまく問題の処理ができ、関数のよさを実感できたとしても、それが日常生活とまったくかけ離れた数学の事象の問題ばかりであったらどうでしょう。学習したことを自ら日常生活や社会に生かしていく子どもの姿は、表出しにくいのではないでしょうか。このような相互にかかわる学習展開のなかで、関数の考え方を使うよさに気づいた子どもたちは、日常生活やこれからの学習において自ら関数の考え方を使い、問題を解決していくのではないかと考えました。

(4) 単元目標と単元計画（全7時間）

　伴って変わる二つの数量の関係に着目し、その変わり方を表に整理して規則性を調べることを通して問題解決ができるとともに、数学のよさに気づき生活や学習に活用しようとする態度を養う。

知識・技能	伴って変わる二つの数量の様子を調べたり、関係を表したりするのに、表、グラフ、式を用いればよいことを理解し、見つけた変わり方のきまりを使って、問題を解決することができる。
思考・判断・表現	伴って変わる二つの数量について、対応する数量を考えたり、表に整理したりして、変わり方のきまりを見いだそうとする。
主体的に学習に取り組む態度	問題を解決するためにきまりを見つけたり、似た場面に関連づけて問題を発展させたりしようとしている。

・伴って変わる二つの数量を探る（2時間）
・きまりを使って問題を解決する（5時間）

　単元を子どもの「日常生活の事象から問題を見いだし数学的に処理し、問題を解決していく学習」と「数学の事象について統合的・発展的に考え、問題を解決していく学習」が相互にかかわり合いながら展開できるようにデザ

インしました。

　指導をするにあたり「伴って変わる二つの数量を探る」と「きまりを使って問題を解決する」という二つの活動を設定しました。

　一つめの活動「伴って変わる二つの数量を探る」では，身の回りの事象のなかから，片方が変わればもう一方も一緒に変わるという事象を見つけていきます。まずは，その事象を予想させ，実際に調べる活動を通して変化の様子をとらえることができるようにしていきます。次に，その調べた事象を発表して交流します。ここでは，調べた二つの数量の特徴を中心に考えさせることで，変わる二つの数量にも一定のきまりがあるものとないものがあることに気づくことができるようにしていきます。

　二つめの活動「きまりを使って問題を解決する」では，前時の活動で子どもたちが日常生活から見つけたきまりがある場合の伴って変わる二つの数量を用いて，学習を展開していきます。今回は，「お風呂に入れる湯の量と時間の関係を考える問題」と「テーブルの個数と座れる人数の関係を考える問題」を設定しています。学級の子どもの日常生活から見つけた伴って変わる二つの数量の実態に応じて，扱う問題は変わってきます。このように，子どもたちの日常生活の事象を切り口として学習を始めていき，徐々に数学の事象の世界に子どもたちを誘っていきます。

　次の項では，二つめの活動「きまりを使って問題を解決する」の3時間目として，ある形のなかに入る正方形の数を探る活動を通して，増え方のきまりを発見していく授業の展開を紹介します。

② 「変わり方」の授業はこう変わる！

(1) 教師のしたいことから子どものしたいことへ

　「変わり方」の学習で，一般的によく行われている指導は，きまりに意識が向くように“少しずつ問題提示をすること”が多いのではないでしょうか。具体的には，図3のように，まず1段めを見せ，次に2段めを提示して，きまりに気づかせていきます。この方法は，子どもたちにきまりを気づかせ

る点では効果的です。しか
し，この指導では，いかに
も「きまりを見つけよう」
と教師が学習の流れをつく
ることになります。これで
は，子どもの主体的な姿は
なかなか期待できず，問題
解決のための手段としてき

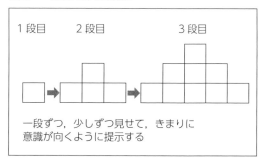

図3　一般的な問題提示

一段ずつ，少しずつ見せて，きまりに
意識が向くように提示する

まりを使うよさも子どもたちには実感しにくいのではないでしょうか。では，
図2（115ページ）で示した教科書の学習の展開を大切にしつつ，子どもの
自然な学びの文脈で学習が展開し，主体的・対話的で深い学びをめざす授業
づくりの具体について考えていきましょう。

（2）授業の具体

　ここでは【第二活動：きまりを使って問題を解決する】の3時間目「□
が何個あるかを考える」の学習を中心に記述します。本時は，この単元に入っ
て5時間目の学習です。ある形の中に入る正方形の個数を探る活動を通して，
増え方のきまりを発見し正方形の個数を求めることができることが学習の主
なねらいです。

図4　本時の問題

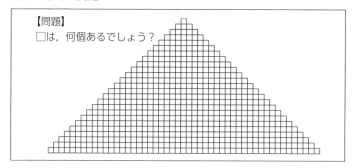

【問題】
　□は，何個あるでしょう？

（3）子どもの見方・考え方を引き出す状況づくり（主体的な学び）

　学習者を教えられる存在から，主体的に自ら学ぶ存在へと関係性の転換を図っていくためには，まずは，子どもが問題に出合ったときに，どのような素直な見方・考え方をするかを探ることから学習はスタートしたいです。つまり，子どもの入る余地をつくり，自己表現できる場を保障することです。

　具体的には，子どもたちが多様な解き方ができるような問題提示の工夫をし，子どもの多様な見方・考え方を引き出します。子どもの主体性を育むためには，このようにまずは自己表現することを楽しむ子どもに育てることが大切です。

　図3のように少しずつ問題を提示し，きまりに着目させるのではなく，図4のように最初に全体像（ピラミッド型に積まれた625個の□）を提示し，教師から「□は，何個あるでしょう？」と問うことで，子どもたちが問題に対して，どのような見方・考え方で問題に向かっていくかを探っていきます。おそらく最初，子どもたちは，□を1つずつ数えていくと思われます。しかし，徐々に「1つずつ数えるのが大変！」という情意が生まれ，「何かほかに

> 数を多く提示することで，子どもたちは1つずつ数えるのは大変だという気持ちになり，自然と数える以外に何かいい方法がないかと思考しはじめます。このときに，子どもの見方・考え方が出てきます。

図5　子どもの予想される姿

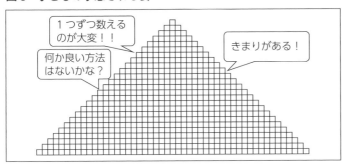

よい方法はないかな？」と新たな視点に目が向いていく子どもの姿が予想できます（図5）。そのときに、きまりに着目させ、□の個数を求める方法としてきまりを用いるようにしていきます。そうすることで、"きまりを用いると簡単に個数がわかる"という、きまりを使うよさが実感できるのではないかと考えました。

(4) 子どもの見方・考え方をつなげるコーディネート（対話的な学び）

次に、出てきた子どもの見方・考え方をつなげる教師のコーディネートについて考えていきましょう。以下のような三つの見方・考え方が想定できます。

①図形に着目して考える

一つめは、図形に着目して問題を解決する考え方です。この考え方は、図6のようにまず、ピラミッド型の中心をはさみで切り、二つの三角形に分けます。次に、その三角形を正方形の

図6　図形に着目して考える

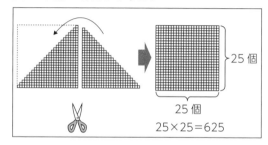

25 個
25 個
25×25＝625

形に変形します。すると、たてに25個、横に25個並んでいる正方形ができます。最後にこれを式にすると25 × 25になり、計算して625個と求めることができます。

②数量に着目して考える

二つめは、数量に着目して問題を解決する考え方です。この考え方は、図7のように ピラミッド型の上下の段の正方形をたして、50のかたまりをいくつも作っていく考え方です。上

図7　数量に着目して考える

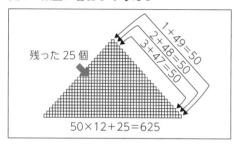

残った25個
1＋49＝50
2＋48＝50
3＋47＝50
50×12＋25＝625

下の段の正方形をたしていくと，50 のかたまりが 12 個できます。そして，最後に 25 個だけ余ります。これを式にすると，50 × 12 + 25 になり，計算して 625 個と求めることができます。

③きまりに着目して考える

　三つめは，きまりに着目して問題を解決する考え方です。この考え方は，図8のように，段数と正方形の個数の関係からきまりを見つけ，個数を求める考え方です。1 段は 1 個，2 段は 4 個，3 段は 9 個，…といった関係を観察することで，1 段は 1 × 1 = 1

図8　きまりに着目して考える

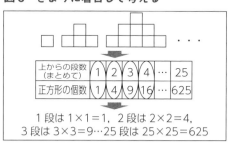

1 段は 1×1＝1，2 段は 2×2＝4，
3 段は 3×3＝9…25 段は 25×25＝625

で 1 個，2 段は 2 × 2 = 4 で 4 個，3 段は 3 × 3 = 9 で 9 個といった段数×段数というきまりが見えてきます。そして，このきまりを使うと 25 段のときは 25 × 25 となり，計算して 625 個と求めることができます。

　このような子どもの見方・考え方を吹き出しを用いて板書に残していきます。この板書に残すことが，対話を促すことにつながっていきます。たとえば，教師が吹き出しを示しながら「この考えに付けたしの人いない？」と発言を広げたり，「～さんの考えを図にして，黒板に書きながら説明できない？」と置き換えさせたりします。また，「～さんが言ったことはどういうこと？」と個の見方・考え方を聞いている子どもたちに解釈させる状況をつくります。このようなコーディネートをしながら，対話を促していきます。

　ここで留意したいことは，子どもが"伝えたい""聞きたい"という思いをもって対話をしているかです。子どもたちは，自分と友達とのズレがあるからこそ子どものなかに

対話を促すためには，図・式・言葉に置き換えるのを促したり，友達の考えを解釈させたりする教師のコーディネートが重要です。

「何で？」という問いが生まれます。そして，「何でそうしたの？」と友達の考えを聞きたくなってきます。対話は方法であり，目的になった時点で偽りの対話になってしまいます。自分の見方・考え方を伝えたいという目的があって，はじめて対話が成立するのです。

（5）新たな学びへとつなぐ振り返り活動（深い学び）

　授業の最後には，自分の学びを振り返る場を設定します。振り返り活動を行っている先生方のなかには，なかなか子どもが振り返りを書けなかったり，感想文になってしまったりと難しさを感じている人も多いのではないでしょうか。そこで，子どもの自覚的な学びを促すためにどのような振り返りをしたらよいかを考えていきます。自覚的な学びは，学んできたことが自分にとってどのような意義をもっていたのかを認識することにつながります。また，学んでいることをモニタリングして自己修正する力や今後の活動の見通しをもつ力にもつながっていきます。この自覚的な学びができるようになるためには，自分の学びを振り返る状況をつくることが必要です。

　具体的には，図9のように，授業中に吹き出しを用いて板書に残した子どもの見方・考え方を活用して，振り返りを行います。まず，授業の終盤に教師から「どれが解決するのに役立ったかな？」や「一番大切なつぶやきは，

図9　振り返り活動

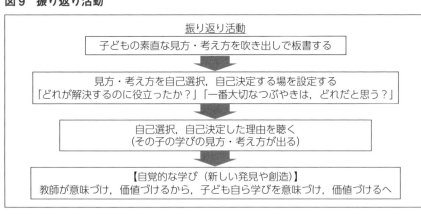

どれだと思う？」と発問し，今日の学習で出てきた見方・考え方を自己選択，自己決定する場を設定します。そして，次に，自己選択，自己決定した理由をノートに書かせます。このときの子どもが書いている理由に，本時のその子の学びの見方・考え方が出てきます。さらに，それを学級みんなで共有することで，学級文化としての見方・考え方にもなっていきます。

　本時の展開で考えてみると，子どもから出てきた「図形に着目して」「数量に着目して」「きまりに着目して」の見方・考え方のなかから，「どれが解決するのに役立ったかな？」と考えさせます。そして，自己選択，自己決定する場を設け，その理由を書かせるなかで，より簡単な解決方法である“きまりの考え方”のよさに自ら気づくことができるようにしていきます。

　このようにすることで，教師が意味づけ，価値づけることから子ども自らが学びを意味づけ，価値づける自覚的な学びへとなっていくのではないでしょうか。

> 授業で出てきた見方・考え方を自己選択，自己決定する場を設けて，選んだ理由を書かせることで自分の学びを振り返り，自覚的な学びを促していきます。

(6) 学習指導案例

【本時の目標】

　ある形のなかに入る正方形の個数を探る活動を通して，増え方のきまりを発見し正方形の個数を求めることができる。

【本時案（5時間目／7）】

時間	学習活動	指導上の留意点
5 (分)	1　本時の学習の見通しをもつ。 ・正方形が，ある形のなかに何個入るか予想する。 正方形　〔25段あるピラミッド型〕	○課題提示を工夫することで，本時の課題に興味がもてるようにする。 ○実際に並べることや，かくことが大変な状況をつくることで，表を使ってきまりを見つけるなど，別の方法に着目できるようにする。
	正方形は何個入るでしょう	
35	2　正方形が，ある形のなかに何個入るか考える。 【実際に数える】 →一つずつ数えて625個 【図形に着目して】 →正方形の形に変形して縦25個，横25個　25×25＝625 【数量に着目して】 →50のかたまり12個作り，残りの25個をたして 　50×12＋25＝625 【きまりに着目して】 | 上からの段数 （まとめて）	1	2	3	4	…	25 | | 正方形の個数 | 1 | 4 | 9 | 16 | … | 625 | →1×1，2×2，3×3… 　25×25＝625　段数×段数	○友達の考えを解釈させ，自分の言葉で表現させることで，全体で共有できるようにしていく。 ○子どもの様子を見て，ペアで説明し合う場を設けたり，内容を整理したりすることで，子どもたちが交流に参加できるようにする。 ○子どもから出てきた見方・考え方を吹き出しにして板書することで，対話の促進や振り返りで生かすことができるようにする。 ○表から発見したきまりが，図と対応させたときにどの部分であるかを考えさせることで，きまりを式で表すことができるようにする。
5	3　本時の学習を振り返る。	○授業で出てきた見方・考え方を自己選択，自己決定する場を設け理由を書かせることで，自分の学びを振り返ることができるようにする。

【評価の視点】

　表を使ってきまりを見つけることができ，きまりを使って正方形の個数を求めることができている。（知識・技能）

（指熊　衛）

実践編

第5学年

四角形と三角形の面積
台形の面積　　　[B 図形]

① 新教科書はここが変わった！

(1) 学習内容のポイント

　本単元は，4年生で学習した長方形，正方形の求積から，直線で囲まれた基本的な図形の求積について学習します。平行四辺形，三角形，台形，ひし形などです。単元を通してそれぞれの図形の求積公式を導いていきますが，必要な部分の長さを測り，既習の長方形や正方形などの面積の求め方に帰着させ計算によって求めたり，新しい公式をつくり出し，それを用いて求めたりすることができるようにすることを主なねらいとします。既習事項や学習経験を活用することが重要です。そのために単元の見通しをもち，本時の学習を価値づけるとともに，次時への関心を高めるような主体的な学びとしての単元展開が必要です。

　それぞれの時間では，具体物を用いて数学的な活動を効果的に取り入れて，簡潔に的確に説明する力をつけていかなければなりません。

(2) 「主体的・対話的で深い学び」につながる教科書の工夫

　教科書では，単元で見通しをもって取り組めるように，導入で今までの学習した多角形を見渡せるように設定されています。図形名を書き起こすだけでなく，図形として見渡したうえで，その性質や作図法について確認しておくことが，求積につながる変形の根拠につながります。振り返りにおいては，既習事項の何を活用できたのかを確認することで，学習の価値づけをするとともに，以降の学習意欲につながります。

　本単元では複数の考え方を取り上げる時間が多く，対話的な学びを効果的

に取り入れなければなりません。教科書では，作図や操作が示され，子どもの吹き出しで考え方を簡潔・明瞭・的確に表現しているものがあり，これらの活用は対話的な学びの場における重要なポイントです。

吹き出しの内容は，各社教科書で書きぶりが異なります。「〜できないかな」とヒントにとどめているもの，「〜を〜して…」と考え方を途中までの言葉で止めているもの，「〜で〜して，〜と考えました」と子どもの説明のモデルとしているもの，複数の吹き出しで子どもの対話を引き起こそうとしているものなど，多様な工夫がなされており，それをいかに扱うかで，授業のヤマ場に大きく影響します。

複数の考え方のそれぞれに，図，言葉，操作，式があり，多数の情報が板書にあふれることとなりますが，この情報を関連づけたり違いを際立たせたりすることが教材の本質に迫る深い学びとなるのです。

教科書の吹き出しを効果的に使うと，子どもの対話が活性化します。「あなたの言いたいことは，教科書の吹き出しと同じだね」「こんなふうに短くまとめて言うとわかりやすいね」など，子どもの考えや言葉とつなげましょう。

(3) 単元づくりのポイント

単元の展開については，4年生で学習した長方形，正方形の求積から発展させて平行四辺形から導入する方法と，測量における三斜法のように三角形の求積はすべての図形のもとになるという考えから三角形から導入する方法がありますが，いずれも既習事項を発展させていくことには変わりはありません。単元の導入で，今まで学習した図形を想起するように掲示しておくなど，10時間を超える単元においても見通しをもたせる工夫をしておく必要があります。

教師としては，次ページの図のように単元が進んでいくにつれて，扱う図形の求積に必要となる辺や高さを内部に見いだしていかなければならないということを理解しておかなければなりません。

実践編 第5学年

127

単元の展開例

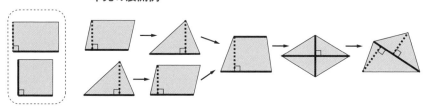

※一般四角形は，三角形の求積を学習した後に取り扱うことも可能である

　台形の求積までに平行四辺形や三角形の求積を通して，次のようなことを学習しています。これらのことを活用して台形の求積に挑戦します。

- ・学習した図形に変形すればよいこと
- ・図形を2つ合わせると変換できること
- ・対角線で分割するとよいこと
- ・図形の高さや辺を2等分するところに目をつけるとよいこと
- ・式を分配法則で変形することができること

(4) 単元目標と単元計画（全13時間）

　三角形や四角形の面積について，その求め方や公式を考えたり説明したりすることを通して，面積を求めることができるようにしたり平面図形の見方・考え方を深めたりするとともに，生活や学習に活用しようとする態度を養う。

知識・技能	底辺と高さの意味を理解し，公式を用いるなどして三角形や四角形の面積を求めることができる。
思考・判断・表現	既習の面積公式をもとに，三角形や平行四辺形などの面積を工夫して求めたり，公式をつくったりすることができる。
主体的に学習に取り組む態度	既習の面積公式をもとに，三角形や平行四辺形などの面積の求め方や公式を進んで見いだそうとする。

- ・平行四辺形の面積（3時間）
- ・三角形の面積（3時間）
- ・台形の面積（2時間）
- ・ひし形の面積（1時間）
- ・面積の求め方の工夫（一般四角形）（2時間）
- ・面積の比例（1時間）
- ・練習（1時間）

② 「台形の面積」の授業はこう変わる！

(1) 第1時：図形を操作して台形の面積の求め方を話し合う

　この時間は，原寸の台形の面積を数学的活動によって求め方を友達に伝えることを目標とします。そのための教具として，色画用紙などで作成した台形を一人に3枚以上と，さらに必要とする子どもに渡せるよう教師が手元に準備しておく必要があります。この図形には方眼がかかれているほうが操作をしやすく，方眼ノートを使用しているときには，ノートのマス目に合わせて操作ができますから，より効果的です。併せて，A3サイズ程度の板書用教材も同様に準備し，できれば操作で切り取ったあとを表す色違いの図形も用意したいものです。

> 子どもの思考は指先から始まります。効果的な操作ができるよう教材・教具の準備をしておきましょう。操作中の子どものつぶやきも授業のポイントとなる見方が込められています。キャッチして全体の場でとりあげ，生かしましょう。

　見通しを立てた後，個人で追究する時間を多くかけるのではなく，できればすぐに4人程度で活動し，いつでも友達の考え方を自由に見て，尋ねたり意見交換したりすることができる雰囲気をつくりたいものです。はじめから二人で協働して取り組み考え方をまとめるのもよいでしょう。図形の学習は一目で考え方がわかり，友達の考え方に興味をもったり疑問を抱いたりすることができます。そのような場面での対話に数学的な見方・考え方が込められるでしょう。

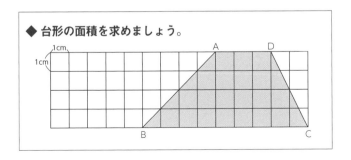

◆ 台形の面積を求めましょう。

第1時では，考え方を説明することを目標として，既習の求積できる図形に変換して，解決できるという確信をもたせることを大切にしますから，式の数値の順序や2式か3式かにはあまり詳しく触れることなく，結果が同じになったことでどの方法でも解決できるということを確認する程度でよいでしょう。複数の考え方があるなかで，どのような方法を使ってどう解決するかを簡潔・明瞭・的確に伝えるよう整理することが教師の仕事です。

　子どもが考え方を全体に説明する場合，ややもするとわかりやすい表現の説明の上手な子どもを指名して説明させ，「どうですか」「いいです」と収めてしまいがちです。しかし，多くの「いいです」の声に隠れた何も言えない子どもが埋もれてしまうことになりかねません。できあがったものを発表する子どもが一気に説明すると，考え方の大切なポイントを十分に掘り下げることができず，わからない子どもには伝わらないことがよくあります。そこで，発表に一工夫したいのが，切ったり書き込んだりした台形で説明するのではなく，操作する前の台形で操作しながら説明させることです。できるならペアやグループでの発表も効果的です。黒板のところで切っていない台形を切り取るところから説明をすると，思考の流れが動きで示され，見ている子どもも展開や結果を予想しながら聞くことができます。さらに，説明のペースがゆっくりとなり，その間に教師が発表者に尋ねたり解説をしたりすることができ，子どもの理解の手助けとなるのです。

操作しながら説明をさせることで，子どもが考えるペースにあったよりわかりやすい対話が生まれます。
その説明に教師も参加しながら進めましょう。

① Aの考え：台形を2つならべて，面積が2倍の平行四辺形にする

　三角形を2つ合わせて平行四辺形に変形できたことから，2枚の台形を合わせることを発想します。複数枚の台形を手元にもっておくと，まずは，台形を回転させながらこの方法を容易に見つけ出すことができます。第2時で公式化するときに有効な方法なので，すぐにできる方法，簡単にできる方法として印象づけておくとよいでしょう。

　なお，加える台形は左右どちらにつけても結果は同じですが，左につけていると，平行四辺形の底辺が（上底＋下底）となり，第2時で求積の公式化をするときに図と公式がつながり，スムーズに流れます。

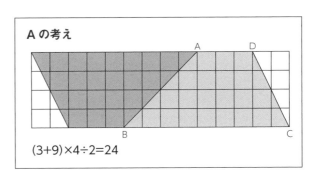

Aの考え

(3+9)×4÷2=24

② Bの考え：対角線で2つの三角形に分ける

　対角線で2つの三角形に分割しますが，2つの三角形は合同でなく，一方の三角形は底辺が上にあるため難しく感じる子どももいます。三角形BCDの底辺と高さに問題はありませんが，三角形ADBの底辺をBDとして考えようとすると混乱が生じます。底辺をADとして高さが外にある三角形とすることを助言しなければなりません。全体の説明の場で必ず触れておきたいのは，ADとBCをそれぞれ底辺としたことにより，2つの三角形の高さは同じになることで，（高さ÷2）が分配法則の共通部分となり，解決への見通しにつながります。

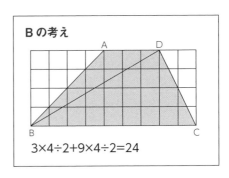

Bの考え

3×4÷2+9×4÷2=24

③　Cの考え：台形と面積が等しい平行四辺形にする

　三角形の等積変形でも使った考え方です。どこで切ってもいいのではなく高さの2等分となる上底と下底の平行線で分割することを補足しなければなりません。高さの半分というキーワードを強調しておくことで，公式化の際に÷2の意味理解につながります。

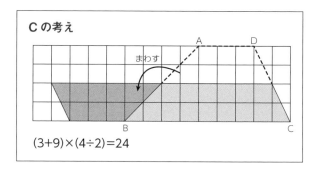

Cの考え

まわす

(3+9)×(4÷2)=24

④　Dの考え：台形と面積が等しい三角形にする

　この考え方は，ABの中点を通ることやBCを延長することなど，子どもだけでは発想が難しいかもしれませんが，公式化に直結する考え方です。第1時で考えとして出てこなかったり，4つめの考え方を取り上げるのが時間的に難しかったりする場合には，第2時で公式化した後に教師から紹介して，全員でつくった台形の公式を別の考え方で確認するという取り扱いとして，子どもの関心を高めることができます。

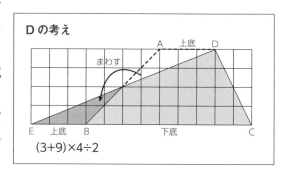

Dの考え

まわす

上底

上底　　　　　下底

(3+9)×4÷2

⑤　Eの考え：台形と面積が等しい長方形にする

　三角形の求積での学習経験を生かした考え方です。AB，CDの中点で高さに平行に分割する方法です。変形後の長方形の横の長さは，はじめはマス目を数えてみなければわかりません。三角形のときは底辺の半分の長さに

なったことから，上底と下底の数値を見て，「上底と下底の真ん中の長さ」ということに気づき，それは上底と下底の平均になっていること，つまり（上底＋下底）÷2であることに気づかせることが必要です。Dの考えと同様に第1時では無理に取り上げず，教師からの参考として提示するような扱いとすることが大切です。

　子どもの複数の考え方を説明するときには，それぞれをていねいに扱いたいところですが，時間には限りがあります。また，説明を聞くばかりにならないよう子どもの集中力にも配慮が必要になります。

　AからEの考え方のいくつかを話し合うことは，台形を「一組の平行な辺はあるが不等辺で整っていない図形」と認識していた子どもも，簡単に平行四辺形などに変形することができるという経験を通して，台形も長方形や平行四辺形と同じ，もしくは近い図形ととらえる見方を培うことにつながります。

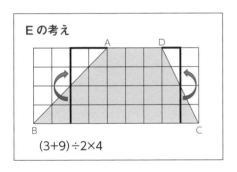

Eの考え

(3+9)÷2×4

説明はアイデアを重視し，共通な部分は簡略化して，効率的な説明となるよう先生が支援しましょう。説明が長かったり不明瞭だったりする場合は，聞く側の子どもの意識が持続しません。

実践編 第5学年

(2)　第2時：台形の面積を求める公式をつくる

　第1時のA，B，Cなどの考え方をもとに，実際の数値で式を立てて面積を求め，どの考えも面積は同じであることを確認します。そのうえで式にでてくる共通の数字を見つけて，図形のどの部分にあたるかを焦点化します。Aの考えが公式化には簡単であることから，第1時でもいちばんはじめに扱い，第2時でも自然にこの考えを取り上げていくことができるようにすると混乱が少なくなります。

それぞれの考え方の式にでてくる数値をもとに言葉の式として公式にしていくため，交換法則，分配法則を使ったり2式を1式にまとめたりする式変形をしていかなければなりません。抽象的な数値や式の変形となりますから，小学校らしく色分けやカードを効果的に使用して，理解しやすい説明とすることも必要です。

　そのとき，上底，下底，高さはそれぞれの数値が図の中に位置づけられていきます。しかし，÷2はそれぞれの考え方において違った意味をもっています。この÷2を説明することは，子どもがその考え方を理解しているかどうかをみる，いちばんの確かめとなるものです。AからEまでのそれぞれの÷2の意味を示すと次のようになります。

A：台形を2つあわせたので2でわる　　←(3 + 9)× 4 ÷ 2

B：三角形の面積の公式の÷2　　　　←3 × 4 ÷ 2 + 9 × 4 ÷ 2

C：台形の高さの半分なので÷2　　　←(3 + 9)×(4 ÷ 2)

D：三角形の面積の公式の÷2　　　　←(3 + 9)× 4 ÷ 2

E：上底と下底の平均の÷2　　　　　←(3 + 9)÷ 2 × 4

　このことが子どもたちの説明の中に必要であり，教師はそれを引き出して，考え方の特徴を明らかにすることが必要です。多くの図や説明が出てくるなかで，公式の中にある定数は，考え方によって意味は変わりますが，どの方法をとっても同じになるということに触れさせることが公式の意味理解を深めます。

それぞれの考え方の特徴は，求積の過程でいずれの考え方にも登場する÷2です。この意味が言えればしっかり理解しています。

（3）学習指導案例

【本時の目標】

台形の面積の求め方を考え，面積を求める公式をつくる意欲をもつ。

【本時案（1時間目／2）】

時間	学習活動	指導上の留意点
5 (分)	1　学習課題をつかむ。	○平行四辺形や三角形の学習を想起し，台形の性質を生かして求める見通しをもたせる。 ○対角線や辺のまん中で切るとうまくできたことを振り返る。
	台形の面積の求め方を考えよう	
10	2　図形を操作して，グループで考える。	○原寸の切り抜いた台形を3枚ずつ配布し，数学的活動を促す。 ○グループ内で，操作した図形を見て考え方の相違に気づかせる。 ○マス目を数えて，平行四辺形，三角形，長方形の公式を適用して面積を求めさせる。
20	3　解決方法を全体で話し合う。	○どの考えも面積は同じになっていることや，A，B，Cどの考えも面積を求めることができる図形になっていることを確認する。 ○Aの考えから説明させる。既習事項を活用している部分は教師が強調したり補足したりする。
10	4　公式化への見通しをもつ。	○平行四辺形などに変形できていることから，公式をつくろうとする意欲につなげる。 ○板書をみて，簡単な考え方や共通に使っている数字に目をつけ，次時の公式化につなげる。 ○説明の際に÷2となる理由について，教師の助言によって強調する。 ○D，Eの考えを教師が提示し，求積できることを簡単に確認する。

【評価の視点】

既習の求積の経験を生かして台形の面積の求め方を考え，公式化する意欲をもっている。（主体的に学習に取り組む態度）

2 速さ　　　　[C 変化と関係]

① 新教科書はここが変わった！

(1) 学習内容のポイント

　2017 年告示の『小学校学習指導要領』で，「速さ」は，改訂前の 6 年生の「B 量と測定」領域から，5 年生の「C 変化と関係」領域の異種の二つの量の割合として学習することになりました。

　C 領域は，1 年生から 3 年生までは「測定」で，量の概念（長さ，重さなど），量の大きさの比較，量の単位，量の測定で構成されています。4 年生から 6 年生は，「変化と関係」で，単位量当たりの大きさ，速さ，割合，比，比例，反比例で構成されています。

　「測定」領域では，1 年生で直接比較，間接比較，任意単位による比較を学習し，普遍単位は 2 年生で長さ，かさ，3 年生で重さを学習し，単一の単位としての学習をします。

　4 年生は測定領域ではありませんが，面積で単位を学習します。1cm の方眼のいくつかで面積を表しますが，この単位「cm^2」は 3 年生までの単位と大きく違っています。それは，長さと長さをかけ合わせた同種の二つの量による組立単位だからです。

　そして，5 年生の単位量当たりの大きさでは，異種の二つの量の割合として比較します。混み具合や速さという基本的な量の性質をもっていない量を比較するのは初めてです。従って，異種の二つの量の割合としてとらえられる量を比べるということの意味を，十分理解できるよう

> 速さとは，測りとることが難しいものを，測りとりやすい二つの量を使って比較するという高度な考え方です。

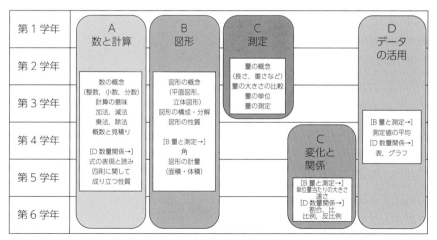

第 1 学年	A 数と計算	B 図形	C 測定	D データ の活用
第 2 学年			量の概念 (長さ, 重さなど) 量の大きさの比較 量の単位 量の測定	
第 3 学年	数の概念 (整数, 小数, 分数) 計算の意味 加法, 減法 乗法, 除法 概数と見積り	図形の概念 (平面図形, 立体図形) 図形の構成・分解 図形の性質		[B 量と測定→] 測定値の平均 [D 数量関係→] 表, グラフ
第 4 学年	[D 数量関係→] 式の表現と読み 四則に関して 成り立つ性質	[B 量と測定→] 角 図形の計量 (面積・体積)	C 変化と 関係	
第 5 学年			[B 量と測定→] 単位量当たりの大きさ 速さ [D 数量関係→] 割合, 比 比例, 反比例	
第 6 学年				

出典：文部科学省『小学校学習指導要領解説　算数編』（2017 年）より

にすることが大切です。

（2）「主体的・対話的で深い学び」につながる教科書の工夫

　主体的な学びの視点では，今までに学習した単位や測り方では解決できないという意識をもたせ，比べたい事象の中から数値化できる要素を抽出してくること，さらにそれをどのような数量関係とみるかという算数の学習過程のイメージ（本書 11 ページ図 1 参照）にそって意識を高めていくことが重要です。

　「速さ」の単元では，速さを数値化できたときには，「1 秒で～くらい進む」という考え方を具体的な場面を想定して確認する場をもつことで，速さの考え方が少しずつ確かなものになります。

　対話的な学びの視点では，道のりと時間を数直線に表す場面で，いかに論理的に説明するかが重要です。数直線上に 0 を基点として問題文の要素を書き込んでいく過程で，数直線上にとる関係要素の位置や求める部分の位置を的確に言えるようグループ活動や全体交流で教師が支援しなければなりません。とくに，速さを求めるときも時間を求めるときもどちらもわり算で計算しますが，速さを求めるときは等分除の考え方で，時間を求めるときには

包含除の考え方で説明されることにも触れてお
きましょう。

　深い学びの視点では，異種の二つの量の割合
としてとらえられる数量の関係に着目し，目的
に応じて大きさを比べたり表現したりする方法
を考察し，それらを日常生活に生かす場面を設
定することです。

　二つの量の関係を考えるとき，1当たりの量
で比較するほか，1年生の「ながさくらべ」の
経験や公倍数の考え方を使って，一方を揃えて
ほかの量で比較する方法があります。これらの考えを用いるときには，二つ
の数量の間に比例関係があるという前提や，速さはずっと一定の進み方とみ
るなど平均の考えなども前提にしていますので，これらのことについても着
目させ，その意味を理解させていくような配慮が必要です。

(3) 単元づくりのポイント

　速さでは，比較するだけなら一定距離当たりにかかった時間でも一定時間
当たりに進んだ距離でも，目的に応じて使うことができればいいのですが，
速さ比べだけでなく速度としての意味を理解することも重要です。つまり，
一般的に速度は一定時間当たりに進んだ距離で表し，数値が大きくなるほど
速くなることを意味します。このような考え方は，人口密度（人／km^2），
米の収穫高（kg／10a），自動車の燃費（km／L）など，生活のさまざまな
ところで使われており，単位として認識されています。速さの導入では，比
較方法としての単位量当たりの大きさの考え方と速度の単位としての考え方
を踏まえて，単元を展開していくことが重要です。

●速さの単元展開について

　速さの単元では，主に次のような内容があります。

　・速さの概念……………時間当たりの道のり，道のり当たりの時間

　・速さを求める…………道のり÷時間＝速さ

・道のりを求める………速さ×時間＝道のり

・時間を求める…………道のり÷速さ＝時間

・単位換算………………時速，分速，秒速の換算

・仕事量などの計算……印刷機の印刷速度　など

　新教科書では，速さの題材としてさまざまな日常場面から速さを感じ比較しやすい場面をとりあげる工夫がなされています。

題材だけでなく，どのような数値か，数直線にしたときの見え方はどうかなども大切な要素です。

教科書各社の「速さ」の主要な題材

A社	短距離走，新幹線，ツバメ，台風
B社	50ｍ走と5分間走，動物，自動車，新幹線，台風，飛行機，音や光
C社	リニアモーターカー，登校，新幹線，台風，自動車，水をくみ出す機械
D社	自転車，新幹線，ロープウェイとエレベーター，自動車
E社	徒競走，新幹線，自動車，オートバイ，印刷機
F社	ソーラーカー，新幹線，飛行機，自転車

（4）単元目標と単元計画（全6時間）＊単位量あたりの大きさは別単元で指導

　速さについて，その比べ方や表し方を理解し，いろいろな速さに関する問題を解決することを通して，速さ・道のり・時間の関係の理解を深めるとともに生活や学習に活用しようとする態度を養う。

知識・技能	速さの意味について理解し，速さを時速，分速，秒速などの単位を用いて表したり，比べたりすることができる。
思考・判断・表現	単位量あたりの考え方を用いて，道のりと時間の関係をもとに速さを考えたり，道のりや時間の求め方を考えたりすることができる。
主体的に学習に取り組む態度	単位量あたりの考え方を用いて，進んで速さ・道のり・時間の関係を調べようとする。

・速さの比べ方（1時間）
・速さ・道のり・時間を求める（3時間）
・時速と分速と秒速との相互関係（1時間）
・練習（1時間）

②「速さ」の授業はこう変わる！

(1) 授業の要点

　ここでは第1時の展開を通して，比較方法としての単位量当たりの大きさの考え方と速度の単位としての考え方を踏まえた授業の要点を考えましょう。

　子どもの身近なところにある速さとして，50m走があります。子どもは「8秒2だったよ」など秒数のみの会話のやりとりで速いかどうかを判断しています。もちろんこれは50mと決まった距離の前提があった場合です。一般的に身の回りでの「はやさ」でも，「○時間でできた」「○分で着いた」など時間的に短いことを「はやい」と言っている場面が多くあります。これも道のりややり遂げることが決まっている場合です。その場合の道のりなどと時間の二つの数量に目をつけていくかは大切なポイントです。

　授業では，速さなど単位量当たりの大きさの学習においては，まず，一つの量だけでは比較することができない事象に着目することが大切です。次に，そのような二つの量は，どのように数値化し，比べることができるかを考えることが大切です。速さであれば，単位時間当たりに移動する長さ，または，一定の長さを移動するのにかかる時間としてとらえるなど，目的に応じた処理の仕方を工夫しなければなりません。このように思考を進めることが，日常生活や社会の事象を数理的にとらえ，数学的に処理し，問題を解決していく資質を育てるのです。

(2) 速さを比べよう

　第1時の導入場面では，速さとして時間だけでは判断できない場面や3

	道のり (m)	時間 (秒)	1m当たりの時間(秒)	1秒当たりの道のり (m)
Aさん	50	8	0.16	6.25
Bさん	50	9	0.18	5.56
Cさん	60	9	0.15	6.67

者のうち一方がそろっている 2 者とどちらもそろっていない 1 者が示され，二つの量の関係による数値化と比較の仕方を学習していきます。

　表を見て，「A さんと B さんは道のりが同じなので時間が短い A さんが速いです」と説明し，同様に「B さんと C さんは時間が同じなので道のりが長い C さんが速いです」と説明した後，A さんと C さんの比較に焦点化し，1 m 当たりの時間，1 秒当たりの道のりを考えます。これは単位量当たりの考え方で学習済みで，どちらの方法でも解決することができるはずです。しかし，単元としては速度という概念を浸透させるために，1 秒当たりの道のりで比較するよさに触れておく必要があります。この題材の場合，子どもにどちらが簡単かとたずねると，多くは 1 秒当たりの道のりで比較するほうが簡単だと言います。しかし，それは数値が，A では 6.25 と 0.16 となり，0.16 が小さすぎてわかりにくいという見方で，もちろん数値は場面によって大小が異なります。気づかせたいのは，速いほど大きな数値を対応させたほうが考えやすいということです。一般に速さについてはそのようなケースが多く，時間を単位量として，単位時間当たりの道のりで比べています。

単元の導入としての本時に大切なことは，どちらを単位量としても比較できるけれど，一般的には速いほど大きな数値を対応させたほうが考えやすいということに気づかせることです。

(3) 学習指導案例

【本時の目標】

時間と道のりを使って速さを求めることができる。

【本時案（1時間目／6）】

時間	学習活動	指導上の留意点
5 (分)	1　どちらが速いかを比較するという学習課題をつかむ。	○かかった時間だけでは，速いかどうか判断できないことに気づかせる。 ○時間だけでなく，道のりも考えなければならないことに気づかせる。
	| 時間と道のりをつかって速さを求めよう |	
20	2　道のりと時間の2量の関係で考える。 ・AとBを比較する。 ・BとCを比較する。 ・AとCの比較方法を考える。 ・道のりをそろえる。 ・時間をそろえる。	○表を見て，すぐに判断できるものを選び，その説明をさせる。 ○一方が揃っていると，もう一方の大小でどちらが速いか判断できることに触れる。 ○二つの量とも揃っていない場合の揃え方を，単位量当たりの大きさを使うことに気づかせる。 ○立式のできない児童には，グループ内で説明し合うようにする。
15	3　比較方法を全体で話し合う。	○計算結果からどちらが速いかを数値の大小から判断するが，具体的場面を例に挙げて児童の説明を補足する。
5	4　どちらの方法でも，数値の大小に気をつけて速さを比較することができることを確認する。	○どちらの方法でも判断できるが，速いほど大きな数値を対応させたほうが考えやすいということに気づくようにする。 ○身の回りの速さについて知っていることを出し合い，次時への意欲づけとする。

【評価の視点】

単位量当たりの考え方で，時間と道のりから1m当たりの時間や1秒当たりの道のりを求め，速さを比べることができている。（知識・技能）

3 割合をグラフに表そう
[D データの活用]

① 新教科書はここが変わった！

(1) 学習内容のポイント

　割合を表す帯グラフや円グラフの指導は以前からありましたが，今回の改訂により領域が「D データの活用」となり，ねらいは次の 3 つに整理されました。

- ・目的に応じてデータを集めて分類整理し，適切なグラフに表したり，代表値などを求めたりするとともに，統計的な問題解決の方法について知ること
- ・データのもつ特徴や傾向を把握し，問題に対して自分なりの結論を出したり，その結論の妥当性について批判的に考察したりすること
- ・統計的な問題解決のよさに気づき，データやその分析結果を生活や学習に活用しようとする態度を身につけること

　目的に応じてデータを収集，分類整理し，結果を適切に表現するとは，統計的な問題解決活動を指していますが，統計的な問題解決活動においては，下の表の 5 つの段階からなる統計的探究プロセス（PPDAC サイクル）と呼

実践編　第 **5** 学年

問題（Problem）	・問題の把握	・問題設定
計画（Plan）	・データの想定	・収集計画
データ（Data）	・データ収集	・表への整理
分析（Analysis）	・グラフの作成	・特徴や傾向の把握
結論（Conclusion）	・結論付け	・振り返り

ばれるものがあります。

　高学年では，一連の統計的探究プロセスを意識して，自分たちで問題を設定し，調査計画を立てることや，分析を通じて判断した結論についても別の観点から妥当性を検討できるようにすることも扱います。

　統計的な問題解決はさまざまな分野で用いられるようになってきており，統計は社会における必須のツールとなってきています。他教科の学習や児童の生活に関わることがらでも統計的な問題解決は用いることができるため，そのよさを感じて，進んで学習や生活に生かそうとする態度も養わなければなりません。

　5年生で学習する帯グラフと円グラフは，どちらも事象にある数量の関係を割合でとらえ，基準量と比較量との関係を表すものです。円グラフは視覚的に50％や25％，75％がわかりやすいという特徴があります。帯グラフは，年次変化を分析する場合など複数のデータについて，項目の割合を比べるのに便利です。

　このような内容を学習するにあたっては，割合を使って比較するよさを味わうことができる題材によるところが大きくなります。教科書各社の割合を表すグラフの導入題材と，PPDACサイクルを指導する題材は次のとおりです。

教科書各社の割合を表すグラフの導入題材と，PPDACサイクルの例題		
	導入題材	PPDACサイクルの例題
A社	好きな給食のメニュー	学校で起こったけが
B社	都道府県別みかんの収穫量	地震などの自然災害の備え
C社	夏のオリンピックで日本人選手がこれまでに金メダルをとった競技	ミネラルウォーターの消費量と輸入率，輸入量
D社	ももの収穫量	日本のメダルの数調べ
E社	日本をおとずれた外国人の人数	県の農産物のとれ高
F社	キウイフルーツの生産量	地震などの自然災害に何か備えている人

導入においては，グラフのかき方についての知識，理解を深めることから割合の大きい順に区切ることやその他を最後にかくことなどが指導でき，結果の考察に関心をもつことができる題材としなければなりません。そのため，「好き・どちらかというと好き・どちらかというと嫌い・嫌い」のように選択肢でたずねるアンケートなどは，選択肢に順序性があり，「その他」がないことから，適していないといえます。

グラフをかくには，はじめは10または100の目盛りの入った長方形の帯や円を配布して，割合の大きさで区切りをかくことから指導します。かき方が定着してきたら，表計算ソフトなどによって多様なグラフを表示させて，自分の考察したことを伝えるためには，どのグラフがふさわしいかを判断させることも考えられます。ただ，表計算ソフトの表示できるグラフには，3D（立体）の棒グラフや円グラフがあり，児童の目にとまりやすい傾向があります。しかし，表示の位置によって，遠近感や手前の部分が強調されて実際の割合よりも誇大にとらえられたり，その逆となったりすることがあるため，注意が必要です。

扱う題材の内容や数値によって，子どもの思考の発展性が左右されます。教科書をよく研究し，多様な考え方ができる題材を選びましょう。

コンピュータを使用するためには，1時間程度必要ですが，大きな効果が期待できます。どのようなグラフや機能を使わせるかは，事前に決めておき混乱しないようにしましょう。

(2)「主体的・対話的で深い学び」につながる教科書の工夫

主体的な学びの視点では，統計的な問題解決活動における5つの段階からなる統計的探究プロセス（PPDACサイクル）を体験的に進めていくことが重要です。実際に調査をして分析を進めていきますが，身の回りの事象について，主観や直感でその事象の因果関係や傾向を漠然ととらえ，意思決定をしたり判断したりするだけでなく，エビデンスベースト（evidence based）の言葉のとおり，調査したデータにもとづいて判断し，考察していくのです。このような活動を通して，今まで見えてきたことについて，重層

的に見ることができたり違った見方ができたりすることを体験させます。

その際には，方法や結果の見通しをもち，自分たちが学習した分析手法のなかでどれを用いて分析するかを計画の段階で視野に入れたり，分析手法に合わせたデータの集め方などを考えたりすることも大切です。また，振り返りとして，見いだした結論や，方法が適切な選択にもとづいたものであったかについて，考え直す態度を養うことにも留意しましょう。

対話的な学びの視点では，データにもとづいて身の回りの問題を解決するとき，調査項目を多くしておき，それぞれの因果関係を考えながら，すべてのデータを使うのではなく，必要なデータを選択する活動が重要です。さらに表からわかることや，どのようなグラフにするかを話し合う活動を充実させます。このような話し合いを充実させておくことが，グラフを読み取る場合においても，グラフを作った人の主張したいことを理解しようとする態度の育成に役立つのです。また，単元末には，複数のグラフを使って一枚のポスターのように表して発表することも，主張や意見を交わす貴重な場として積極的に取り入れていきたいものです。

深い学びの視点では，結論について多面的・批判的に考察することを重視しましょう。統計的な問題解決では，さまざまな要因が関わり合って起こる日常の事象を扱うため，複数のデータの特徴や傾向を分析したとしても，判断が難しい場合が多くなります。このようなときには，問題解決の方法や結果について，自らが違った立場で見直してみる多面的な考察や誤りや矛盾がないか妥当性はどうかと問いただす批判的な考察が必要になります。まとめたものを一方的に表現していくのではなく，自分の活動そのものを見つめ直すことは，高学年になって可能となるのです。

また，多面的・批判的に考察することは，社会生活のなかで目にするグラフや統計上の

統計的な問題解決の場面では，主体的・対話的で深い学びに向けた活動場面を多く設定できます。身近な場面で思考を働かせたり見方を変えたりすることを取り入れていきましょう。

数値に対して，その妥当性を判断していく態度につながります。広告などで調査対象が限定されているデータをあたかも全員のように表現しているケースや，実際よりも大きく差があるように誇張されたグラフなどの問題点を見抜くような，注意深い読み取りができるようにしていきましょう。

(3) 単元づくりのポイント

　帯グラフや円グラフについては，身の回りや社会科の資料などで今までに何度も目にしてきています。しかし，白紙の状況でグラフをかくには長方形や円を 10 または 100 等分する作業や項目をすべて百分率で表す作業など，子どもにとってはかなりの負担が伴います。単元のそれぞれの時間において，その時間でしか指導できないことについてはじっくりと時間をかけて学習活動を計画し，それ以外のところは，ワークシート，電卓，コンピュータなどを使用して，効率よく進めていくことが必要です。

　今回の学習指導要領の改訂により，第 5 学年「内容の取扱い」の (5) では，「複数の帯グラフを比べることにも触れるものとする」と示されています。複数のデータについて項目の割合を比較するには，円グラフを並べるよりも帯グラフを並べたほうが比較しやすくなります。ただし，複数の帯グラフを用いる際には，各帯グラフの合計が異なっている場合があり，そのような場合には割合が小さくなっていても実際のデータとしては大きいなど，見た目では比較ができない場合があるため，注意が必要です。

> 棒グラフや折れ線グラフも含めて，それぞれのグラフには効果的に表現できることと，表現できないことや判断できないことがあります。両面を理解してグラフを使っていくことが大切です。

(4) 単元目標と単元計画 （全6時間）＊割合は別単元で指導

　割合のグラフについて，帯グラフや円グラフを用いた分類・整理の仕方を理解し，それをもとに事象の特徴を考察したり説明したりすることを通して，統計的に問題解決する力を育むとともにその方法を生活や学習に活用しよう

とする態度を養う。

知識・技能	帯グラフや円グラフについて理解し，帯グラフや円グラフを用いて資料を整理することができる。また，統計的な問題解決の方法を理解することができる。
思考・判断・表現	帯グラフや円グラフをもとに適切に判断したり，集めた資料を整理するのに適切なグラフを選択したりすることができるとともに，得られた結論について多面的に考えることができる。
主体的に学習に取り組む態度	帯グラフや円グラフのよさや統計的な問題解決の方法を知り，身のまわりの事柄などを調べるときにそれを生かそうとする。

・帯グラフ・円グラフのよみ方とかき方（3時間）
・帯グラフ・円グラフを使った統計的な問題解決（2時間）
・練習（1時間）

 # 「割合をグラフに表そう」の授業はこう変わる！

(1) 帯グラフと円グラフの使い分け

　この単元で学習する帯グラフは，長さをそろえた棒を並べ，それぞれの棒の中に構成比を示すことによって，構成比の比較をするときに使われるグラフです。構成比をみることを目的にするときには，棒の長さはすべて同じにします。項目を並べる順番を途中で変えると，割合の変化がグラフを見てわからなくなってしまうので，一つのグラフのなかでは順番は変えてはいけません。また，円グラフは，円を全体として，その中に占める構成比を扇形で表したグラフです。扇形の面積により構成比の大小がわかるので，構成比を示すのに使われます。

　帯グラフ，円グラフのかき方を学習し，基本的な知識・技能が定着したところで，それぞれのグラフの特徴を使って学習する時間です。複数のグラフから読み取れることを話し合う活動を中心に進めていくことができます。そのなかで，今まで学習してきた棒グラフや折れ線グラフは主に量を表していましたが，帯グラフ，円グラフは割合を表していることの大きな違いに気づかせなければなりません。そして，量と割合をふまえて判断していくことが

重要です。

　複数の帯グラフを比べる場合，それぞれの総数は変化していますが，長さをそろえた棒で表すため，変化をみたとき，ある項目の割合が減っていても項目の数量が増えている場合もあることに気づかせることが大切です。

複数のグラフから読み取れることを発言するとき，前提あるいは根拠の指摘とそれによって説明される結論の両方を指摘するために，「Aから〜です。Bから〜です。だから〜といえます」という説明の仕方を指導しましょう。

(2) 複数のグラフをつないで考える

　B社教科書には，三つの帯グラフと円グラフ，折れ線グラフが示されています。一度にすべてを見る方法もありますが，順に提示していくの

あ家庭の資げん別消費エネルギー量の割合

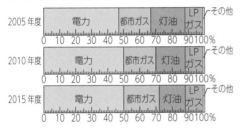

⑤家庭の消費エネルギーの総量

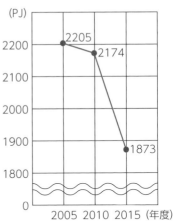

い家庭の使用目的別消費エネルギー量の割合 （2015年度）

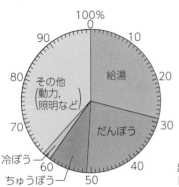

出典　資源エネルギー庁
『総合エネルギー統計』『エネルギー白書』より

も有効です。はじめに 2015 年度の帯グラフと円グラフを見て，それぞれから割合を使って読み取ります。円グラフからは給湯と暖房でおよそ 50%であることが読み取りやすいことにも触れましょう。

　次に，5 年ごとの家庭の資源別消費エネルギー量の割合を提示します。大きな変動はなく，やや電力の割合が増え，灯油の割合が小さくなっていることに気づきます。

　そして③を提示します。消費エネルギーの総量が減っていることを読み取ることができ，あのグラフを見つめ直し，消費電力量を求めます。2005 年は 1036 ペタジュール，2010 年は 1087 ペタジュール，2015 年は 937 ペタジュールとなり，2015 年は 2010 年の 86%になっていることがわかるのです。

　このように一つのグラフだけ読み取ったことが，他のグラフとつなげて考えることによって結論が変わることを経験させること（割合としては増えているが，量としては減っている）は大切なことです。このような発見を，データを根拠にして簡潔・明瞭・的確に説明することがデータの活用領域で求められていることなのです。

グラフやデータから読み取った発見を友達に伝えることは，子どもにとって意欲が高まります。そのような場面を設定し，活躍させましょう。また，発見したことについてはよく吟味して，本当に正しいかどうかを他者が判断することも，結果を誠実に受け入れるという面で大切にしたい算数科の資質です。

(3) 学習指導案例

【本時の目標】

割合を表すグラフからわかることを，根拠を明らかにして説明することができる。

【本時案（4時間目／6）】

時間	学習活動	指導上の留意点
5 (分)	1　家庭で消費されるエネルギーのグラフをみて話し合う。 ・⑩のグラフとつないで考える。	○⑧の2015年度のグラフを提示した後，5年ごとのグラフを提示する。 ○グラフから気づいたことをいくつか発表させる。 ○いくつかのグラフをつないで考えるとわかることがありそうだという見通しをもたせる。
	いろいろなグラフをつなげて考えて，わかることを話し合おう	
15	2　複数のグラフからわかることを話し合う。 ・⑧のグラフからわかることを，割合を使って話し合う。	○5年ごとのグラフから，折れ線グラフのように変化がわかることを理解させる。 ○電力の割合は，47%，50%，50%と変化していることなど，各項目の割合の変化を比較しやすいことを確認する。
20	3　⑤のグラフを提示し，⑧のグラフとつなげて考える。 ・3つのグラフをつなげて考える。	○家庭の消費エネルギー総量が減っていることから，電力の消費量はどうなっているのか考えさせる。 ○消費量は，総量×割合であることを確認し，算出させ，節電されていることに気づかせるとともに，⑧のグラフだけでは読み取れないことを確認する。 ○何年のグラフか，数値は割合か量かなどに留意して発言を認めていくが，資料からはわからないこともありうることを，教師の例示などから理解させる。
5	4　学習を振り返り，身の回りの帯グラフや円グラフが使われているところを見つける。	○社会科や理科の教科書や資料を見させる。 ○自分たちで資料を集めて調べることもできることを伝え，統計的な問題解決への関心を高める。

【評価の視点】

複数のグラフをつなげて考えたり，多面的に捉え考察したりして，統計的な問題解決への関心を高めている。（主体的に学習に取り組む態度）

(藤井浩史)

実践編　第5学年

第6学年

1 分数のわり算

[A 数と計算]

① 新教科書はここが変わった！

(1) 学習内容のポイント

　本単元は，四則計算の最後となる「分数÷分数」の計算方法を理解するとともに，それを使って問題解決することができるようになることをねらいとしています。学習内容のポイントは，3つあります。1つめは，どんな問題場面を導入で設定するかということ。2つめは，どんな図を使って立式や計算方法を考えさせるかということ。3つめは，子どもたちに多様な計算方法をもとにしてどのような対話を生じさせるのかということです。とくに単元の導入部分でどれだけ分数のわり算についてのイメージと意味理解を深いものにできるかが重要となります。

ポイント1：問題場面について

　新教科書では，導入の問題文に使われている場面は大きく分けて2つあります。1つめの場面は6社中5社が採用している「1dLのペンキで塗ることができる壁（板）の面積」について考えるというものです。2つめの場面は，1社のみの採用ですが，「ある棒1m分の重さ」について考えるというものです。前者は面積図での説明にイメージがつながりやすく，後者は数直線での説明にイメージがつながりやすいというメリットがあります。特筆すべきは，棒の長さで導入している1社は，前回の教科書では1dLのペンキで塗ることができる面積を問題場面として設定しているということです。新教科書では，数直線を用いたイメージで分数のわり算をとらえさせていきたいという強いメッセージが読み取れます。

　本単元は，「分数を分数でわる」という子どもにとって非常にイメージしにくい内容を取り扱うため，図によって簡潔に状況を表すことが大切になります。新教科書で扱われている図は3種類あります。1つめは「数直線（2本数直線）」，2つめは「4マス関係図」，3つめは「面積図」です。数直線は，数値間の関係を長さで表現することができ，4マス関係図は，数値間の関係を数値の位置のみで簡潔に表すことができます。これら2つは立式の場面でとくに役に立ちます。面積図は，式の意味を視覚的に表現することができます。とくに「分ける」という分数の意味を表すことができ，計算方法の説明に役立てることができます。

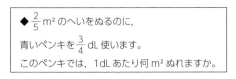

4マス関係図

面積図

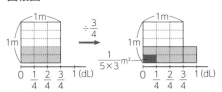

　各教科書で扱いに差はありますが，大きく分けて3種類の計算方法が例示されています。今回は「$\frac{3}{4}$ dL で $\frac{2}{5}$ m² 塗ることができるペンキ1dL では何m² の壁を塗ることができますか」という問題を例にして以下に示します。

① $\frac{1}{4}$ dL で塗れる面積を求めて4倍する

$$\frac{2}{5} \div \frac{3}{4} = \left(\frac{2}{5} \div 3 \right) \times 4 = \frac{2}{5 \times 3} \times 4 = \frac{2 \times 4}{5 \times 3}$$

実践編　第**6**学年

② $\frac{3}{4}$ を整数にして計算する

$$\frac{2}{5} \div \frac{3}{4} = \left(\frac{2}{5} \times 4\right) \div \left(\frac{3}{4} \times 4\right) = \frac{2 \times 4}{5} \div 3 = \frac{2 \times 4}{5 \times 3}$$

③ $\frac{3}{4}$ を 1 にして計算する

$$\frac{2}{5} \div \frac{3}{4} = \left(\frac{2}{5} \times \frac{4}{3}\right) \div \left(\frac{3}{4} \times \frac{4}{3}\right) = \left(\frac{2}{5} \times \frac{4}{3}\right) \div 1 = \frac{2 \times 4}{5 \times 3}$$

これらの計算方法の意味について図と対応させたり，計算のきまりを想起させたりしながら話し合わせ，理解を深めていきます。

(2)「主体的・対話的で深い学び」につながる教科書の工夫

ここでは各教科書の記述をもとにして「深い学び」につながる工夫について述べていきます。

【問題場面】

すべての教科書で，「1dL で塗れる壁の面積」や「1 mの棒の重さ」など生活場面をもとにして問題場面が設定されており，日常生活や社会で「数学を使う活動」を意識していることがわかります。

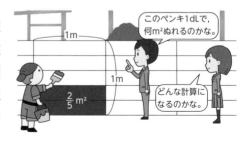

教科書によっては，導入の扉絵が面積図と対応しているものまであり，生活場面を自然に数学化することが重視されていることもわかります。

【数値設定】

問題の数値設定にも各教科書で工夫が見られます。たとえば導入場面では 6 社中 4 社が単位分数でわる式になるように設定しています。単位分数を使うことによって，たとえば「$\frac{1}{4}$ dL なら 1dL にするには 4 倍すればよい」というイメージがしやすく，「分数でわる」という意味が理解しやすくなり

ます。一方で，単位分数で導入した場合には，前述した ポイント3 の計算
方法のうち，「わる数を整数にする」という方法と，「わる数を 1 にする」
という方法が同じ操作になり，意見の幅を狭めてしまう可能性もあります。
多様な意見の中から分数で割ることの意味をとらえさせていきたければ単位
分数以外で導入するほうがよいといえます。

【子どものイラストの発言】

　教科書にあるイラストの子どもの発言を分析することで，「主体的・対話
的で深い学び」につながるヒントを見つけてみます。

①　立式のための発言

　分数が混ざっているために，そもそも立式自体が困難な状況が想定されま
す。教科書では「使ったペンキの量が<u>整数</u>だったら？」という単純化（簡略化）
を促す発言や，「<u>ことばの式</u>にあてはめてみると……」といった既習内容を
想起させる発言によって立式につなげています。

②　解決のための発言

　立式後に計算方法を考える際，子どもたちに見通しをもたせるための発言
として「小数のときと同じようにわる数を整数になおして……」「図を使っ
て考えると……」「計算のきまりが使えないかな」といったものが記載され
ており，そのような発言をヒントに自力解決を促しています。

③　対話や新たな問いにつながる発言

　$\frac{2}{5} \div \frac{3}{4}$ の計算方法を考える際，以下のような子どもどうしのやり取り
があると，認識とのずれが顕在化され，課題解決に向けた対話が生み出され

同じように考える
と，分母のなかに
分数が入ってしまい
ますね。

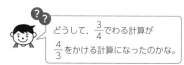
どうして，$\frac{3}{4}$でわる計算が
$\frac{4}{3}$をかける計算になったのかな。

ると考えられます。

　また，「わる数がどんな分数でも計算できるかな」といった発言によって新たな問いが生まれ，連続的な課題解決につながります。

(3) 単元づくりのポイント

　以上のことをふまえて，分数のわり算の単元構成の例を紹介します。大まかに単元の流れを示すと次のようになります。

【単元の大まかな流れ】

第1次 ○分数のわり算の立式 ○計算の仕方を考える ○色々な数の場合の計算について考える ○商の大きさについて考える

第2次 ○分数の倍について考える

　前述したように，第1次の導入でどのような問題場面をどのような数値で設定し，どのような活動にするかが大切になります。単位分数を用いた導入をしている教科書では，立式した時間内に単位分数のわり算の計算方法を解決していますが，単位分数を用いていない教科書では，立式の意味や妥当性を問うことで，問題，式，図を相互に関連させる時間を設けています。これにより，2時間目以降の多様な考えの表出にもつながると考えられますので，1時間目は問題場面の把握と式の説明の時間とし，2時間目を計算方法について話し合う時間とします。3時間目と4時間目は帯分数や小数，整数が混じった式の計算方法について考える時間とします。数値に関する子どもの発言を拾うことで，いろいろな数で計算する活動を設定することができるようにしていきます。5時間目は商と除数の関係についてまとめる時間とします。小数のわり算を想起させ，統合的な考え方を働かせてまとめていきたいところです。

　第2次の「分数倍」については「割合」と関連づけて理解できるよう，数直線など視覚的な表現を活用して学習を進めていきます。

(4) 単元目標と単元計画（全 8 時間）

　図と式を関連させながら除法の意味や計算方法を見いだす活動を通して，除数が分数の場合の除法の意味や計算の仕方を理解し，そのよさを感じながら学ぶ態度を養う。

知識・技能	分数の除法の意味について理解し，計算ができるようになるとともに，それを問題の解決に用いることができる。
思考・判断・表現	数の意味や除法について成り立つ性質に着目し，計算の仕方を多面的にとらえ，図や式などで表現することができる。
主体的に学習に取り組む態度	分数の除法に関する数や表現，成り立つ性質に関心をもち，多面的にとらえて計算の仕方を考えようとする。

・分数のわり算（5 時間）
・分数の倍（3 時間）

② 「分数のわり算」の授業はこう変わる！

　ここまでに解説したことをもとにして，実際にどのようにして授業を進めていくのかを紹介していきます。今回は，6 社中 1 社のみがあえて採用した「1 mの棒の重さ」を導入教材として設定します。

(1) 第 1 時における授業展開のポイント

第 1 時では次の問題を提示します。

> $\frac{3}{4}$ mの重さが $\frac{2}{5}$ kg の棒があります。
> この棒 1 mの重さは何 kg になるでしょうか。

　まずは，どんな式になるのかを考えさせます。いきなり式を考えさせてもよいですが，まずは全体で数直線を用いることで問題状況を表してから立式させると，わり算のイメージをもって立式することができます。学級の実態によっては，その数直線に「2 m」の場合まで書き込んでおくと，除数が整数の場合に単純化し，統合的に考えて立式していくことができます。

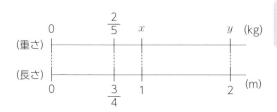

図で表すことで，数値間の関係を視覚的にとらえさせましょう。

立式させた後は，その式を書いた理由を考えさせます。ここでは3～4人のグループにして説明を考えさせます。それにより，友達の考えとの共通点や相違点に着目させ，対話を促します。グループ内での発言をよく聞いておき，「整数の場合を考えると」「かけ算の式から考えたんだけど」というような発言を拾って全体で共有することで，多様な考えがあることを意識させるとともに，説明の見通しをもたせることができます。

グループで話し合わせた後は，全体で発表させます。次のような考え方が発表されると予想されます。これらの考え方について全体で話し合い，共通認識できたところで，次時ではその計算方法について明らかにするということを確認して第1時を終わります。

「整数の場合と同じだよ」
棒の重さ ÷ 棒の長さ = 1 mの重さ

「かけ算で表してわり算にする」
$$x \times \frac{3}{4} = \frac{2}{5}$$
$$x = \frac{2}{5} \div \frac{3}{4}$$

「図から比例関係を使う」「1」に対応する値だから
$$x = \frac{2}{5} \div \frac{3}{4}$$

	x kg	$\frac{2}{5}$ kg
	1 m	$\frac{3}{4}$ m

整数の場合に結びつけ，統合的な考え方を働かせて説明することができたときには，しっかり価値づけ，そのよさを自覚させましょう。

(2) 第2時における授業展開のポイント

第2時では，第1時で立てた式の計算の仕方を考えていきます。導入では，除数が整数の場合の計算の仕方を想起させ，既有知識に当てはめただけでは

解決することができない困り感から課題を共有させます。

T：$\frac{2}{5} \div 3$ だったらどう計算したかな？

C：$\frac{2}{5 \times 3}$ です。

C：同じように考えたら分母に分数が入ってしまうね。

課題：わる数が分数の場合，どのようにして計算したらよいだろうか

　前時を振り返らせ，「1 m分」を求めるという式の意味を強調したり，導入時の困り感から除数を整数にすることを促したり，面積図を示したりすることで，どのような計算をすべきかイメージをもたせて計算方法を考えさせます。

　子どもたちから出てくると予想される計算方法は以下のようなものです。除数を整数にする考え方については，小数のわり算を考えたときを想起させ，統合的に考えさせていきます。図と対応させて分数の除法の意味理解を促しましょう。

> 既有知識とのずれを顕在化することで，困り感を共有させて課題設定しましょう。困り感や切実感の共有は主体的な学びに欠かせません。

方法1 「$\frac{1}{4}$ mの重さを求めて 4 倍する」

$\frac{1}{4}$ mの重さは，$\frac{3}{4}$ mの重さ÷ 3 だから $\frac{2}{5} \div 3 = \frac{2}{5 \times 3}$　です。

1 mの重さは，その 4 倍だから，$\frac{2}{5 \times 3} \times 4 = \frac{2 \times 4}{5 \times 3}$　です。

方法2 「$\frac{3}{4}$ を整数にして計算する」

　小数のわり算のときにはわる数を 10 倍や 100 倍して整数にして計算したので，今回もわる数を整数にして計算すればいいと思います。

$\frac{2}{5} \div \frac{3}{4} = \left(\frac{2}{5} \times 4 \right) \div \left(\frac{3}{4} \times \overset{1}{4} \right) = \frac{2 \times 4}{5} \div 3 = \frac{2 \times 4}{5 \times 3}$

方法3 「$\frac{3}{4}$ を 1 にして計算する」

　わる数を 1 にすれば答えが出るので，逆数をかければいいと思います。

$\frac{2}{5} \div \frac{3}{4} = \left(\frac{2}{5} \times \frac{4}{3} \right) \div \left(\frac{3}{4} \times \frac{4}{3} \right) = \frac{2}{5} \times \frac{4}{3} = \frac{2 \times 4}{5 \times 3}$

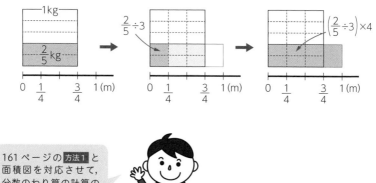

161ページの 方法1 と
面積図を対応させて,
分数のわり算の計算の
イメージをもたせま
しょう。

　最終的にすべての計算方法で $\frac{3}{4}$ でわる計算が $\frac{4}{3}$ をかける計算になった
ことに立ち止まらせ,そのわけを数直線と対応させて理解させます。

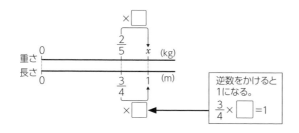

逆数をかけると
1になる。

$\frac{3}{4} \times \boxed{} = 1$

計算方法を一般化する前
に図と対応させて数値間
の関係性のイメージをも
たせましょう。

(3) 学習指導案例

【本時の目標】

　文章題の意味や，小数のわり算の計算方法とつなげて考えることで，分数のわり算の計算方法を見いだすことができる。

【本時案（2時間目／8）】

時間	学習活動	指導上の留意点
10 (分)	1　前時を振り返り，本時の課題を把握する。	○整数のわり算の場合は，除数が分母にくることを当てはめると分数が分母に入ってしまうことから，困り感を表出し，以下の課題を設定する。
	わる数が分数の場合，どのようにして計算したらよいだろうか。	
10	2　$\frac{2}{5} \div \frac{3}{4}$ の計算方法について考える。	○面積図を示し，1m分の重さを求めるという題意と式をつなげる。 ○考えが進まない様子の子どもには，小数のわり算の場合にはどのように計算したかを想起させ，除数を整数にする方法について考えさせる。
15	3　考えた計算方法を発表する。	○$\frac{1}{4}$ mの重さを求めて4倍するという方法が出た際には，面積図と対応させて説明させる。 ○$\frac{3}{4}$ を整数にして計算する方法が出た際には，小数のときと考え方が似ていることに言及する。 ○除数を1にする方法についても説明を促す。
5	4　計算方法を一般化する。	○「分数のわり算は除数の逆数をかければ計算できるのはなぜか」を問い，数直線と対応させて理解を促し，一般化してまとめる。 ○適用題に取り組ませる。
5	5　本時を振り返る。	○学習を振り返るとともに，「どんな分数でもわり算ができるのか」という新たな問いに触れ，次時につなげる。

【評価の視点】

　図と式を対応させたり，わり算の計算法則を用いたりして，分数のわり算の計算方法について説明している。（知識・技能）

実践編｜第**6**学年

163

2 対称な図形

[B 図形]

① 新教科書はここが変わった！

(1) 学習内容のポイント

　本単元では，対称な図形について観察したり，操作したりする活動を通して，線対称な図形や点対称な図形の性質とそれを使ったかき方を学習していきます。また，子どもたちは，これまでに三角形や四角形，正多角形，円などの基本的な図形について学んできていますが，そのうえで，対称性という観点からそれらの図形について見直すことで，新たな図形の見方ができるようになることも本単元の学習のねらいとなります。（たとえば，「線対称」という見方で三角形を見ると，二等辺三角形と正三角形は線対称な図形ととらえることができます。）

　線対称な図形と点対称な図形の定義は，『小学校学習指導要領解説 算数編』（2017 年）には次のように記されています。

　線対称な図形 … １本の直線を折り目として折ったとき，ぴったり重なる図形

　点対称な図形 … 一つの点 O を中心にして 180 度回転したときに重なり合う図形

　どちらも定義に操作が含まれていることからも，本単元では「折る，切る，回す，重ねる」などの操作活動を大切にし，「対称」という見方をしっかりと獲得させることがポイントとなります。

(2)「主体的・対話的で深い学び」につながる教科書の工夫

　まずは扱われている教材について見てみます。新しい教科書では，6 社中

5社で，初めのページに対称性をもった建物や，道具などの写真が載っています。このことから，本単元では日常生活や社会で「数学を使う活動」を意識していることがわかります。ただ，それらの写真は直接的に授業展開につながっていくものではなく，対称性について実際に考えていく場面で扱う教材は，「アルファベット」か「一般的な対称図形」のどちらかです。また，設定されている活動を見てみると，6社中4社で折り紙を切って対称な図形を作る活動が設定されており，子ども自らが作ったものをもとにして対称な図形についての理解を深めさせていきたいという意図を，読み取ることができます。

アルファベットの M の図形

一般的な点対称な図形

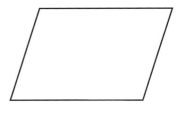

(3) 単元づくりのポイント

本単元の学習内容と学習の流れは，大まかに次のようになっています。

ただし，定義の部分については，6社ある教科書のうちちょうど半分の3社ずつで線対称な図形と点対称な図形を別々に導入するか，同時に導入するかが分かれています（166ページの表参照）。前者は，それぞれを別々にていねいに知ることができるという利点がありますし，後者は，見通しをもって学習を進めることができるという利点があり，どちらにもよいところがあり

【教科書各社の定義の導入の違い】

A 社	線対称な図形，点対称な図形の定義を別々に導入。定義，性質，作図を別々に学ぶ。
B 社	線対称な図形，点対称な図形の定義を別々に導入。定義，性質，作図を別々に学ぶ。
C 社	線対称な図形，点対称な図形の定義を別々に導入。定義，性質，作図を別々に学ぶ。
D 社	線対称な図形，点対称な図形の定義を同時に導入。対応する頂点，辺，角についても同時に学ぶ。
E 社	線対称な図形，点対称な図形の定義を同時に導入。性質，作図は別々に学ぶ。
F 社	線対称な図形，点対称な図形の定義を同時に導入。性質，作図は別々に学ぶ。

ます。さらに D 社だけは，線対称と点対称の定義を押さえた後で，二つを並べて頂点，辺，角についての共通点を分析させています。この流れだと，それぞれの「同じところと違うところ」を比較しながら知ることができ，それらを明らかにする過程で対話が生じ，深い学びにつながっていくと考えられます。

　単元をつくるうえでは，学習内容を押さえるためにどのような活動を組み込んでいくかということと，その活動においてどのような教材を扱うかが大きなポイントとなります。まず活動については，操作が伴う活動を設定し，子どもたちが操作して作った図形をもとにして対称についての概念を獲得していくようにすべきです。また，教材については「日常生活にありそうで身近なもの」「線対称も点対称も含むもの」「単元を通して利用できるもの」といった条件をクリアしたものが望ましいと思われます。

　以下では，これらのことをふまえてつくった単元の例を紹介します。この

麻の葉模様

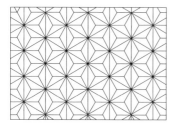

麻の葉模様から見つけられる図形の例

線対称　　線対称であり　　　点対称　　　線対称でも
　　　　　点対称でもある　　　　　　　　点対称でもない

単元づくりに欠かせないのが「麻の葉模様」と呼ばれる模様です。この模様は，二等辺三角形が敷き詰められたもので，これまでに学習してきた図形が非常に多く内在しています。（例：正三角形，平行四辺形，ひし形，台形，正六角形）そして，対称な図形も数多く見つけることができます。

　この麻の葉模様から図形を見つけさせ，その図形を「美しいもの」と「美しくないもの」に分類させるところから対称性に着目させ，対称な図形の定義を押さえます。その後，対称性がさまざまなマークに使われていることを紹介し，「自分だけの美しいシンボルマークを作ろう」という主題を設定します。子どもたちは，シンボルマーク作りに必要となる「対称な図形の性質とそれらを使った作図方法」を自ら探究していくと考えられます。単元の流れを簡単に表すと以下のようになります。このような単元構成により，子どもたちが自ら単元を通して数学的活動の過程を遂行していくことが期待されます。

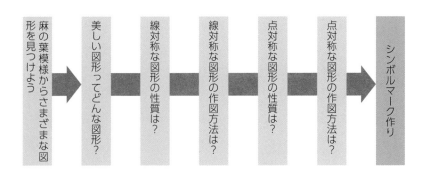

麻の葉模様からさまざまな図形を見つけよう → 美しい図形ってどんな図形？ → 線対称な図形の性質は？ → 線対称な図形の作図方法は？ → 点対称な図形の性質は？ → 点対称な図形の作図方法は？ → シンボルマーク作り

(4) 単元目標と単元計画（全8時間）

　対称な図形を観察したり，操作したりする活動を通して，線対称な図形や点対称な図形の性質を見いだし，それらを用いて作図することができるようになるとともに，対称性という観点で図形を見直し，日常から対称な図形を見つけようとする態度を養う。

実践編｜第6学年

知識・技能	線対称，点対称な図形の意味や性質について理解し，作図することができる。
思考・判断・表現	対称という観点から既習の図形を見直し，その性質をとらえることで図形に対する見方を深め，自分だけの美しいシンボルマークとして表現することができる。
主体的に学習に取り組む態度	対称な図形の美しさに気づき，身の回りから対称な図形を見つけたり，対称な図形をもとに美しいマークやロゴを作ろうとしたりする。

・対称な図形とは（1時間）
・線対称な図形（2時間）
・点対称な図形（3時間）
・美しいシンボルマーク作り（2時間）

❷「対称な図形」の授業はこう変わる！

　単元導入の第1時，対称な図形の性質を見いだして作図方法を考える第2～5時，点対称な図形の作図方法を検証する第6時に焦点を当てて，主体的・対話的で深い学びに誘う授業展開のポイントを述べていきます。

(1) 第1時における授業展開のポイント

　第1時の導入では，2019年に日本で開催されたラグビーワールドカップ日本代表のユニフォームから，麻の葉模様を紹介します。この麻の葉模様から自由に多角形を見つけさせ，それらを「美しい図形」と「美しくない図形」で黒板に分類させます。分類させる際，なぜ美しいと思ったのかも説明させることで「まん中で分けると右と左の形が同じ」「回転させると同じ形」など対称性についての気づきを自然と言語化することができます。

日本代表ユニフォームと麻の葉模様

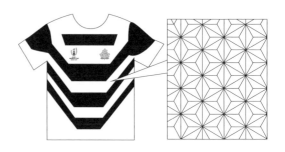

分類させた後は，「美しい図形」
に内在している「対称性」を紹介し，
線対称と点対称の定義について押
さえます。その後，右のようにさ
まざまなマークには対称性が含ま
れていることを紹介し，自分たち
もそのような美しいマークを作っ
てみたいという気持ちを高め，「自
分だけの美しいシンボルマークを
作ろう」という単元を通した主題
を設定します。

三つ葉葵

車両
通行止め

岩手県
花巻市の市章

単元のゴールを示すこ
とで，「シンボルマーク
を作るために対称な図
形について理解を深め
る」という目的意識を
明確にもたせましょう。

(2) 第2〜5時における授業展開のポイント

　第2〜5時では，「線対称な図形の性質」→「線対称な図形の作図」→「点
対称な図形の性質」→「点対称な図形の作図」という流れで学習を進めてい
きます。線対称な図形の性質についての学習では，第1時に麻の葉模様か
ら見つけ出した図形を使ってその観察と比較によって性質を見いださせま
す。線対称な図形の性質について明らかにした後は，線対称な図形を作図す
る方法について，明らかになった性質を用いて考えさせます。その際，「美
しいシンボルマークを作る」という目的を想起させることで，主体的に作図
方法について考えさせることができます。

　線対称な図形の作図方法について明らかになったら，点対称についても同
じように性質を明らかにした後，作図方法について考えさせます。線対称な
図形に比べて，点対称な図形のほうが性質についても作図方法についても見
いだしにくいと思われますので，時間を十分に確保してていねいに進めてい
きましょう。

　作図方法について考えさせる際は，教科書でも工夫されているように，方
眼紙に図形の半分がすでにある物を用意し，あと半分を作図すればいいよう
にしておくと考えやすくなります。ただし，この方法では出てこない作図方

法もありますので，最初から全員に与えるのではなく，必要に応じて与えるようにするほうがよいと思われます。

麻の葉模様から見つけた図形を使うことで連続的かつ主体的な活動にしていきましょう。必要に応じて図形の半分がかかれたシートを与えましょう。

（3）第6時における授業展開のポイント

第6時では，点対称な図形の作図方法の発表とその検証を行います。授業前半では，前時に考えた点対称な図形の作図方法を発表させます。対応する辺の長さに着目した方法や，対称の中心と対応する頂点の関係に着目した方法など，点対称な図形の性質と関連づけた作図方法が発表されると考えられますので，発表の際には必ずどの性質を使った作図方法なのかを述べさせるようにします。そうすることで，どのような見方・考え方を働かせて作図方法を考えたのかを自覚するとともに，点対称な図形の性質について理解を深めることができます。

【予想される点対称な図形を作図する方法の例】

① 半分図形をかき，対応する辺の長さや角の大きさを測り，あと半分をかく

② 半分図形をかき，その図形を写し取って180°回転させてくっつける

③ 対称の中心から対応する頂点までの距離を等しくとっていき，直線で結ぶ

④ 平行四辺形など点対称な図形をかき，それに図形をくっつけていく

トレーシングペーパーやドット用紙，方眼紙などを用意しておくと多様な作図方法を考え出すことにつながります。

発表された作図方法については点対称な図形になるかどうか確認していきますが，特に④の方法について確認する際，教師が次のような作図をすることで深い学びへと誘います。

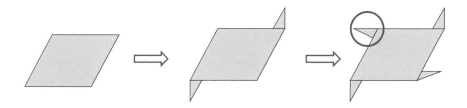

　上の図は，一見すると点対称な図形がかけているように見えますが，○印で囲んだ部分が間違っていて点対称な図形になっていません。○印の部分に違和感を覚えた子どもたちの「この図形は点対称ではないのではないか」という指摘から「この図形は点対称な図形といえるのだろうか」という課題を設定し，グループで話し合わせていきます。グループ内での対話のなかで辺の長さや角度に着目したり，点対称な図形の性質をもとに筋道を立てて考えたりと，図形に対する見方・考え方を働かせながら，点対称な図形にはならないことを，以下のように説明することができると予想されます。

【点対称な図形ではないことの説明例】

- トレーシングペーパーで写し取って 180°回転させたら重ならない
- 対応する辺の長さが等しくない
- 対応する頂点の位置がおかしい
- 対応する頂点どうしを直線で結んだとき，対称の中心を通らない直線ができる

> それぞれの説明の根拠となる点対称な図形の性質を確認することで対称な図形についての理解を深めます。

（4）シンボルマークの例

単元の最後に，対称性を使った「自分だけの美しいシンボルマーク作り」をパフォーマンス課題として設定します。

【子どもたちの作品例】

以上の授業展開のなかでもとくに，主体的・対話的で深い学びの様子を顕著に見ることができる第6時について学習指導案を次に示します。

シンボルマークを作るときにどんな工夫をしたのかをレポートに書かせることで，思考力・判断力・表現力の評価とします。

（5）学習指導案例

【本時の目標】

　点対称な図形の作図方法について話し合ったり，作図した図形の対称性について検証し合ったりする活動を通して，点対称の性質について理解を深めることができる。

【本時案（6時間目／8）】

時間	学習活動	指導上の留意点
5 (分)	1　前時を振り返り，本時の課題を把握する。	○前時まで，点対称な図形の性質を使った作図方法を考えてきたことを想起させる。
	点対称な図形の作図方法には，どんなものがあるだろうか	
15	2　点対称な図形の作図方法を発表する。	○考えた作図方法とともに，その方法のもとになった点対称な図形の性質も発表させる。 ○点対称な図形をもとにしてほかの図形をくっつける作図方法が出たら，黒板にその作図法で点対称ではない図形を作図する。
	黒板に作図された図形は，本当に点対称な図形といえるだろうか	
20	3　提示された図形が点対称かどうかを検証する。 	○トレーシングペーパー，厚紙，ドット用紙などを用意しておき，多様な方法で検証できるようにする。 ○実物投影機を用意しておき，全体で説明させるときに大型モニターに映しながら説明させる。 ○発表された作図方法はそれぞれどんなよさがあるかを考えさせることにより，点対称な図形の性質について理解を深めさせる。
5	4　本時を振り返る。	○作図方法と点対称な図形の性質を関連づけて振り返っているものを発表させる。

【評価の視点】

　示された図形が点対称な図形であるかどうかについて，検証方法をその根拠となる性質とともに書き，説明している。（思考・判断・表現）

3 新単元 資料の調べ方
[D データの活用]

① 新教科書はここが変わった！

・・・新単元「資料の調べ方」について・・・

　新学習指導要領（2017年告示）では，算数科の内容は「A数と計算」「B図形」「C測定（下学年），C変化と関係（上学年）」「Dデータの活用」の4領域に改編されました。とくに「Dデータの活用」領域は，今や社会における必須のツールとなっている統計についての内容を充実させる目的で，大幅な内容の変更と追加がされています。

　具体的に第6学年「資料の調べ方」の単元に焦点を当てて教科書を見てみると，旧教科書では10ページ前後の取り扱いだったものが，新教科書では20ページ前後の取り扱いとなっており，すべての教科書でページ数が約2倍になっています。このことからもこの単元が新教科書においてどれだけ重要視されているかがわかります。では実際にどのようなところが変わったのでしょうか。以下では，「学習内容」，「主体的・対話的で深い学び」，「教材選択」，「単元構成」，「PPDAC（問題〔P〕－計画〔P〕－データ〔D〕－分析〔A〕－結論〔C〕）サイクル」という視点から新教科書の傾向を明らかにしていきます。

(1) 学習内容のポイント

　『小学校学習指導要領解説 算数編』（2017年）では，学習すべき「用語・記号」として「ドットプロット，平均値，中央値，最頻値，階級」の5つが挙げられており，「度数分布を表す表」と「柱状グラフ」についても指導

するように記述されています。このなかで,「ドットプロット, 中央値, 最頻値, 階級」については新しく追加された用語となります。

○ドットプロット……数直線上の該当する箇所にデータを配置し, 同じ値のデータがある際には積み上げて表したもの

○平均値……データの個々の値を合計し, データの個数でわった値

○中央値……データの大きさの順に並べたときの中央の値

○最頻値……データのなかで最も多く現れている値

○階級………度数分布を表す表で, いくつかに分けられている数量の区間

【ドットプロットの例】(『小学校学習指導要領解説 算数編』より)

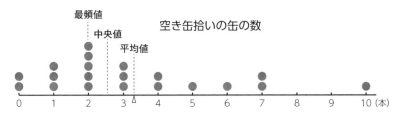

【度数分布表の例】

ソフトボール投げ

きょり (m)	人数 (人)
10 〜 15	2
15 〜 20	4
20 〜 25	6
25 〜 30	8
30 〜 35	5
35 〜 40	3
40 〜 45	1
合計	29

階級 → 30 〜 35   5 ← 度数

【柱状グラフ(ヒストグラム)の例】

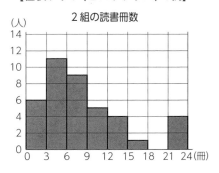

それを受けて, それぞれの新教科書で多少の違いはありますが, 学習内容でいうと大筋で以下のような単元構成となっています。

(2)「主体的・対話的で深い学び」につながる教科書の工夫

　本単元の初めには，すべての新教科書で「どんな比べ方がありますか」という問いかけがされ，与えられたデータの分析を通して子どもたちが主体的に問題発見と問題解決に取り組むための工夫がされています。また，多くの教科書で，「どちらがよいといえますか」「どちらが優勝か自分の考えを書きましょう」というような考察場面が設けられており，ここでは，どのような代表値やグラフからどのような特徴を見いだすことができるか，対話を通して明らかにすることがねらいとされています。このような場面の設定は，子どもたちを深い学びに誘うための工夫といえますので，一問一答で終わらせずていねいに扱いたい部分です。

　また，新教科書で扱われている教材に目を向けてみると，本単元の導入では,「縄跳びの八の字跳び」「ソフトボール投げ」「反復横跳び」「読書量調べ」など各社趣向を凝らした教材が選ばれ，問題場面が設定されています。

　どの教科書にも共通していえることは，「調べる目的がはっきりしている」ということと，「発展性がある」ということです。たとえば「八の字跳び」の場合，「優勝するクラスを決めるためにデータを分析する」という目的が明確であり，子どもたちも興味をもって主体的に調べる姿が想像できます。また，優勝クラスを決めた後には，「各クラスのよいところを見つけて賞を作る」という新たな問題が設定されています。これは次ページで説明するPPDACサイクルを意識したもので，統計的な問題解決の方法を知るための大切な活動です。さらに，単元初めの学習内容の「平均値」から順に「柱状グラフ」まで，同じ問題場面で学習が進められており，単元を通した数学的活動の遂行によって深い学びに誘うような教材の取り扱われ方も見られます。

(3) 単元づくりのポイント

　以下では，多くの新教科書で採用されている「ソフトボール投げ」を例に挙げて単元構成の例を紹介します。

　まず第1次で，2つのクラスのソフトボール投げの記録を比較させることで，代表値の種類とその意味についての理解を図ります。第2次では，

第1次で作成した「ドットプロット」以外の資料のまとめ方について知り,「度数分布表」や「柱状グラフ」を作成し,それらをもとに別の見方で資料を分析させます。第3次では,第2次までの学習を振り返ることでPPDACサイクルについて知り,それにもとづき,体力テストのほかの競技を自分で選び,そのデータを活用してクラスの傾向を分析していく活動を設定します。

【単元構成のイメージ図】

第1次 どんな賞がとれるかな？ ・平均による比較 ・いろいろな代表値を基準とした比較	第2次 いろいろな表し方で表そう！ ・度数分布表で表す ・柱状グラフで表す	第3次 資料の調べ方を使ってみよう！ ・PPDACサイクルにもとづいて体力テストの別の競技の傾向を読み取る ・いろいろなグラフについて知る

(4) PPDACサイクルを意識した学習過程と活用場面の設定

　本単元において子どもたちに意識させ,学びとらせたい問題解決の方法として「PPDACサイクル」があります。『小学校学習指導要領解説 算数編』(2017年) には次のように記述されています。

> 　統計的な問題解決とは,以下に述べる「問題－計画－データ－分析－結論」という五つの段階を経て問題解決することである。

　新教科書には「問題〔P〕－計画〔P〕－データ〔D〕－分析〔A〕—結論〔C〕」のPPDACサイクルが,全社で紹介されており,単元の最後には,このPPDACサイクルを意識して自分たちで資料を集めたり,表やグラフで表現

【PPDACサイクルのイメージ】

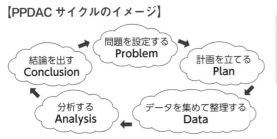

便宜上矢印で表してありますが,一方向性のものではなく,行ったり来たりしながら進んでいくものとされています。

したりすることで問題解決を行う活動が設定されています。このような実践的な活動が設定されていることも新教科書の特徴といえます。

【PPDAC サイクルの新教科書の取り扱い】

A 社	単元末に、学習してきた問題解決の方法を振り返るという形で「問題を設定する」→「計画を立てる」→「データを集めて整理する」→「分せきする」→「結論を出す」という問題解決の流れ（手順）を紹介し、教科書で学んだ流れを振り返らせることで具体的イメージをもたせている。
B 社	単元末に、「問題をきめよう」→「計画を立てよう」→「資料を集めて整理しよう」→「気づいたことを話し合おう」→「わかったことをまとめよう」という問題解決の流れ（手順）を紹介している。
C 社	「資料の整理」と「データの活用」という単元に分けて、「データの活用」の導入で PPDAC サイクルを紹介し、このサイクルを使って問題を解決していく単元が組まれている。このような PPDAC サイクルの活用を主とした単元設定は 6 社のなかで C 社のみであり、「PPDAC サイクル」というワードを明記しているのもこの社のみ。
D 社	単元末に「テーマを見つける」→「計画を立てる」→「データを集めて整理する」→「分せきをする」→「結論をまとめる」という問題解決の流れ（手順）が「8 の字とびの代表クラスを決める」という問題場面の具体的な解決のようすを例示して紹介されている。
E 社	単元末に「調べることを決めよう」→「計画をたてよう」→「データを集めよう」→「分せきしよう」→「わかったことをまとめよう」という問題解決の流れ（手順）が「借りた本の冊数から 1 カ月間の目標冊数を決める」という問題場面を例にして紹介されている。
F 社	単元末に 8 ページを使って PPDAC サイクルを紹介している。「6 年生全体のマスコットをきめる」という問題場面を例にして、実際にどのような問題解決のようすになるのかを具体的に解説している。それぞれの手順を 1 ページずつ使って解説しており、紹介の仕方は 6 社のなかで一番詳しく、手厚い。

(4) 単元目標と単元計画（全 10 時間）

　目的に応じてデータを収集・分類整理して表やグラフに表したり、そのなかから代表値を選択してデータの特徴を明らかにしたりする活動を通して、日常生活において統計的な問題解決ができたり、結論について批判的にとらえ妥当性について考察したりすることができる。

知識・技能	代表値の意味や求め方を理解するとともに，度数分布を表す表やグラフの特徴およびそれらの用い方を理解することができる。
思考・判断・表現	目的に応じてデータを分類整理し，データの特徴や傾向に着目し，代表値などを用いて問題の結論について判断するとともに，その妥当性について批判的に考察することができる。
主体的に学習に取り組む態度	統計的な問題解決の方法のよさに気づき，日常の問題解決に活用しようとする。

・どんな賞がとれるかな？（3時間）
・色々な表し方で表そう（4時間）
・資料の調べ方を使ってみよう（3時間）

② 「資料の調べ方」の授業はこう変わる！

　ここでは，第1次に焦点を当て，新教科書をもとにして授業展開の5つのポイントと具体例を示していきます。本授業例における教材は「ソフトボール投げ」とし，ここで扱うデータは以下のようなものとします。

<table>
<tr><th colspan="4">1組</th></tr>
<tr><th>番号</th><th>きょり (m)</th><th>番号</th><th>きょり (m)</th></tr>
<tr><td>①</td><td>18</td><td>⑪</td><td>20</td></tr>
<tr><td>②</td><td>22</td><td>⑫</td><td>24</td></tr>
<tr><td>③</td><td>14</td><td>⑬</td><td>23</td></tr>
<tr><td>④</td><td>35</td><td>⑭</td><td>20</td></tr>
<tr><td>⑤</td><td>21</td><td>⑮</td><td>26</td></tr>
<tr><td>⑥</td><td>24</td><td>⑯</td><td>23</td></tr>
<tr><td>⑦</td><td>26</td><td>⑰</td><td>31</td></tr>
<tr><td>⑧</td><td>19</td><td>⑱</td><td>27</td></tr>
<tr><td>⑨</td><td>25</td><td>⑲</td><td>24</td></tr>
<tr><td>⑩</td><td>15</td><td>⑳</td><td>25</td></tr>
</table>

<table>
<tr><th colspan="4">2組（自分のクラス）</th></tr>
<tr><th>番号</th><th>きょり (m)</th><th>番号</th><th>きょり (m)</th></tr>
<tr><td>①</td><td>15</td><td>⑪</td><td>28</td></tr>
<tr><td>②</td><td>31</td><td>⑫</td><td>12</td></tr>
<tr><td>③</td><td>25</td><td>⑬</td><td>20</td></tr>
<tr><td>④</td><td>39</td><td>⑭</td><td>15</td></tr>
<tr><td>⑤</td><td>19</td><td>⑮</td><td>31</td></tr>
<tr><td>⑥</td><td>36</td><td>⑯</td><td>15</td></tr>
<tr><td>⑦</td><td>17</td><td>⑰</td><td>26</td></tr>
<tr><td>⑧</td><td>15</td><td>⑱</td><td>15</td></tr>
<tr><td>⑨</td><td>23</td><td>⑲</td><td>32</td></tr>
<tr><td>⑩</td><td>15</td><td></td><td></td></tr>
</table>

(1) 第1時における授業展開のポイント

　新教科書では全社で複数の資料を比較する活動が設定されていますが，比較方法や比較するための基準は設定されていません。まずは比較方法自体について話し合う活動を設定することが1つめのポイントです。

　そこで第1時では，「どちらのクラスの記録がよいといえますか」という

実践編　第6学年

発問から，比較基準をどのようにして設けるかについて話し合わせます。その後，第1時の後半では，既習であり，一般的な代表値でもある平均値によって2つのクラスを比較させます。このとき，教科書にはありませんが，平均値が低いほうを「自分のクラス」という設定にしておきます。そうすることで，平均値以外を基準とした比較方法を子どもたちが欲する文脈をつくることができます。これが2つめのポイントです。「自分のクラスはどんな賞ならとることができるのか」という問いをもとに次時の課題を設定していくことで，資料を分析する必要性を高め，子どもたちを主体的な学びへと誘います。

> 比べ方を問い，見通しをもたせましょう。
> 「自分のクラスなら」と考えさせましょう。

(2) 第2時における授業展開のポイント

第2時では，ドットプロットを用いて資料の分析をさせます。今回の資料をドットプロットで表すと，以下のようになります。

【1組のドットプロット】

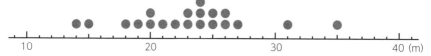

【2組のドットプロット】

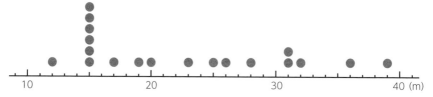

ドットプロットを作成し，分析させていきます。自分のクラスの傾向を分析するのはもちろんですが，ほかのクラスよりも秀でている特徴を見つけなければ賞にはなりませんので，必然的にほかのクラスの傾向も分析し，比較

することになります。その比較する活動の
なかで，学習すべき用語と関連する発言が
あった場面をとらえ，その用語の意味を押
さえていきます。「活動のなかで必要な用
語を学び取らせる」これが3つめのポイ
ントです。

　たとえば「1組はまん中に集まっている」「2組はまん中が少ない」とい
うような全体的な特徴に関する発言があった場合には「まん中とはどこのこ
とですか？」というような問い返しから「中央値」について用語とその意味
を押さえます。また，「2組は同じ記録（15m）の人が6人もいるから『同
距離賞』が作れるんじゃない？」という発言があった場合には，「最頻値」
について用語とその意味を押さえます。同じように「最高記録賞」「最低記
録賞」を提案してきた場合には「最大値」「最小値」について触れるのもよ
いでしょう。なかには，用語には直接関わらないような「上から○人の合計
で賞を作る」というような発言も予想されます。このような発言もしっかり
と受け入れ，価値づけることで発言しやすい学級風土を築くことも大切です。

　ある程度自分のクラスに与える賞が出そろったところで，4つめのポイン
トとして，平均値・中央値・最頻値（必要に応じて最大値・最小値）をドット
プロットに矢印で書き込ませます。これは，ほぼすべての教科書で採用され
ている活動で，子どもたちの代表値に対する理解度を確認するとともに，平
均値と中央値の違いを視覚的に明らかにすることができます。

　さらに，第2時の終末には，ドットプロットのわかりやすいところと，わ
かりづらいところを挙げさせます。わかりやすいところとしては「記録のち
らばり方がわかりやすい」「記録が順番に並んでいて数えやすい」といった
ものが予想されますので，ドットプロットのよさを価値づけて今後の学習で
活用していこうという意欲につなげます。また，わかりづらいところとして
「数えるのが面倒くさかった」「1組のグラフは平らで特徴がとらえづらかっ
た」というような発言を取り上げておくことで，次時以降に「度数分布表」
や「柱状グラフ」で表す必要性を高めることができます。これが5つめの

ポイントです。

　これらのポイントをふまえたうえで，第2時の学習指導案を作成しました。

（3）学習指導案例

【本時の目標】

　ドットプロットをもとに各クラスのソフトボール投げの傾向を分析する活動を通して，代表値の種類とそれぞれの特徴を理解する。

【本時案】（2時間目／10）】

時間	学習活動	指導上の留意点
5 (分)	1　前時を振り返り，本時の課題を把握する。	○平均値ではほかのクラスに負けているため，自分のクラスが獲得できそうな賞を考えることを確認する。
	自分のクラスは，どんな賞をとることができるだろうか	
20	2　ドットプロットを作成し，各クラスの傾向を分析する。	○ドットプロットを作成させ，それらを比較させる。 ○個人で賞を考えさせた後，周りの友達どうしで考えを共有させる。
15	3　考えた特徴を発表する。	○「まん中に集まっている」という発言があった場合は，中央値という用語とその意味を押さえる。 ○「いちばん遠くまで投げた人が…」という発言があった場合は，最大値・最小値という用語とその意味を押さえる。 ○「○mが一番多いから…」という発言があった場合は，最頻値という用語とその意味を押さえる。 ○平均値，中央値，最頻値，最大値，最小値に印をつけ，代表値について視覚的に明らかにする。 ○ドットプロットのわかりやすいところと，わかりづらいところを挙げさせる。
5	4　本時を振り返る。	○ドットプロットを価値づけるとともに，次時ではドットプロットで明らかにしづらかった階級ごとの特徴について考えることを確認する。

【評価の視点】

　ドットプロットを作成し，そこに表れた傾向から自分のクラスにふさわしい賞を考えるとともに，そこで用いる代表値の意味を理解することができている。(知識・技能)

(大林将呉)

編著者・執筆者一覧

編著者

石井英真　京都大学大学院教育学研究科准教授　　解説編を執筆

執筆者

大林将呉　熊本大学教育学部附属小学校　　実践編 ▌第 3 学年, ▌第 6 学年を執筆

指熊　衛　兵庫教育大学附属小学校　　実践編 ▌第 2 学年, ▌第 4 学年を執筆

藤井浩史　香川県高松市立栗林小学校校長　　実践編 ▌第 1 学年, ▌第 5 学年を執筆

（五十音順、所属は 2020 年 10 月 1 日現在）

編著者紹介

石井英真 (いしい てるまさ)

京都大学大学院教育学研究科准教授，博士 (教育学)

日本教育方法学会理事，日本カリキュラム学会理事，文部科学省「児童生徒の学習評価に関するワーキング・グループ」委員など。

主な著書に，『再増補版・現代アメリカにおける学力形成論の展開─スタンダードに基づくカリキュラムの設計─』(単著，東信堂)，『時代を拓いた教師たち』Ⅰ・Ⅱ (共著，日本標準)，『今求められる学力と学びとは─コンピテンシー・ベースのカリキュラムの光と影─』，『中教審「答申」を読み解く』『未来の学校──ポスト・コロナの公教育のリデザイン』(共に単著，日本標準)，『小学校発 アクティブ・ラーニングを超える授業─質の高い学びのヴィジョン「教科する」授業─』，『教師の資質・能力を高める！アクティブ・ラーニングを超えていく「研究する」教師へ─教師が学び合う「実践研究」の方法─』(共に編著，日本標準)，『授業づくりの深め方─「よい授業」をデザインするための5つのツボ』(単著，ミネルヴァ書房)，『中学校「荒れ」克服10の戦略──本丸は授業改革にあった！』(共著，学事出版)，『新しい教育評価入門──人を育てる評価のために』(共著，有斐閣)，『授業改善8つのアクション』(編著，東洋館出版社)，『教育学年報11　教育研究の新章』(共編著，世織書房) など。

小学校　新教科書 ここが変わった！ 算数

「主体的・対話的で深い学び」をめざす 新教科書の使い方

2020年12月15日　第1刷発行

編著者　石井英真
発行者　河野晋三
発行所　株式会社 日本標準
　　　　〒167-0052　東京都杉並区南荻窪3-31-18
　　　　電話　03-3334-2640 [編集]
　　　　　　　03-3334-2620 [営業]
　　　　https://www.nipponhyojun.co.jp/

印刷・製本　株式会社 リーブルテック